会社設立1年目の 税金と 社会保険が 簡単にわかる本

ベンチャーサポート税理士法人 代表税理士
森 健太郎
Mori Kentaro

Clover
クローバー出版

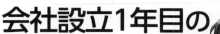

はじめに

本書は、「会社を起業してから1期目が終わるまでにやるべきこと」に特化した本です。
現在は起業にまつわる情報が世の中に溢《あふ》れており、起業すること自体は難しくありません。早ければ、思い立って1週間程度で法人を設立することも可能でしょう。

しかし、起業はあくまでもスタートにすぎません。その後にビジネスを成長させていく必要があります。そのためには経理や人事労務など、本業以外の業務も大切になってきますが、そうしたことについて深く考えることなく起業に踏み切る人が少なくないように思います。

私が所属するベンチャーサポートグループは、5士業（弁護士、税理士、司法書士、行政書士、社会保険労務士）と保険会社、不動産会社から構成されています。グループとしてこれまで3万社を超える会社の設立をお手伝いし、税金や社会保険、法律相談などの面で多くの社長のサポートを行ってきました。

私自身は、15年以上にわたって税理士および行政書士として、会社設立のお手伝いから中小企業の税務顧問などさまざまな業務を経験してきましたが、これまでの経験上、「社長が直面する問題の多くは起業した直後に起きる」と認識しています。

たとえば、多くの社長は、起業して1期目を終えるまでに、次のような疑問にぶつかるはずです。

・税務署や年金事務所などでの手続きはどうすればいいのか?
・自分に支払う役員報酬はいくらにすればいいのか?
・役員報酬から天引きする税金や社会保険料などはどう計算すればいいのか?

こうした問題が日々起こるうえ、新たな問題が次から次へと起こります。とくに行政手続きには期限があり、それに間に合うように処理しなくてはいけません。たとえば、3月決算の会社であれば、次のような手続きが毎年発生するので、それぞれについて適切に対応する必要があります。

3月……決算

4月～5月……法人税や消費税の申告・納税
6月～7月……労働保険の年度更新
7月……社会保険の定時決定（算定基礎届）
9月……標準報酬月額の改定
11月～12月……年末調整
1月……法定調書合計表・給与支払報告書・償却資産申告書の提出

このような手続きは、ちょっとした判断ミスが原因で金銭的な負担が増えてしまうリスクも考えておかなくてはいけません。たとえば、会社を設立して3カ月以内には役員報酬を決定し支払いを行いますが、この金額を適当に決めてしまうと、結果的に税金や社会保険料を多く負担してしまうことになる可能性があります。

実は、仕組みさえ知っていれば、このような問題は防ぐことができるのですが、知識不足から余分な負担を強いられている会社が後を絶ちません。その結果、資金繰りが悪化して経営を続けられなくなってしまうこともあります。夢を持って起業したにもかかわらず、そのような事態に陥ってしまうのは、とても残念なことだと思います。

本書は、このような問題意識から、起業した後に直面する行政手続きのルールや、普段の経理業務の注意点、節税のルールなどを中心に解説しています。本書のすべての内容が、起業する人にとって最低限押さえていただきたい情報です。

本書で取り上げている情報は起業する前から知っておいていただきたいものですが、すでに起業した方でも遅くはありません。見落としがないかチェックし、節税などに役立てるためにも、本書をぜひご活用いただければと思います。

2023年9月吉日　ベンチャーサポート税理士法人　代表税理士　森 健太郎

〈プロローグ〉

ブブ
あ、もしもし、翔太？ひさしぶりー
元気にしてる？
どうしたの？機嫌良いじゃない！
何か良いことでもあった？
そうなのよ、わかっちゃった？
あのさ、私、
会社設立したんだー
やっと夢が叶ったって感じ
株式会社
○△システム
システムエンジニアで起業したから！
システム開発の仕事あったら、友達価格でやってあげるから、紹介してよねー
すごいじゃない！
美咲社長なんだねー

そうよ、社長って呼んでね！
じゃあ、今は設立届出書とか、社会保険の手続きとかもう終わった？
なにそれ、会社作って終わりじゃないの？
相変わらずだね…もし良かったら、手伝おうか？
俺、いま、起業家支援やってる税理士事務所で働いてるんだ
え！翔太がやってくれるの!?助かるー！
数日後、美咲の会社で
えっと、まずは税務署、都道府県事務所、
市役所にそれぞれ設立届を出そう

社会保険の書類も
提出する役所が
書類ごとに違うから
注意が必要！
労働基準監督署
年金
事務所
ハローワーク
「社会保険関係の提出書類」
・健康保険・厚生年金保険新規適用届（年金事務所）
・健康保険・厚生年金保険被保険者資格取得届（年金事務所）
従業員を雇用するときは下記の書類
・雇用保険適用事業所設置届（ハローワーク）
・雇用保険被保険者資格取得届（ハローワーク）
・労働保険保険関係成立届（労働基準監督署）
・労働保険概算保険料申告書（労働基準監督署）
役員だけの会社と
従業員を雇用する
会社では、
提出書類が違うよ
役員
役員
＋
従業員

数日後
どう？手続きは進んでる？
うん、もうすぐ全部終わるよ
ちなみに、これから1年間の税金の支払い時期とか、わかってる？
ドサッ
わかってると思う？？
だよね
じゃあ、設立から1年以内に発生する会計や税金のスケジュールを説明するよ
ええ、
お願いします！
ニコッ…

あ、税務署には
青色申告
承認申請書とか
他の書類も
出さないとね
次は、社会保険の
書類を・・・
んっ・・・
ブルブル
ブル・・・ブル・・・
うううー
もう無理!!
めんどくさい!!
わたし、
やっぱり
事務作業苦手
だわ
よし、
じゃあ書類は全部、
俺が作るよ
でも、美咲は
社長なんだから、
どんな書類を
出すのかは
知っておいて！
それでいい？
ほんと！
ありがとう！
すごく助かる！
じゃあ
説明するよ

税金関係の書類は、
書類によって
提出先が違うよ！
「税金関係の提出書類」
・法人設立届出書（税務署・都道府県税事務所・市役所）
・青色申告の承認申請書（税務署）
・給与支払事務所等の開設届出書（税務署）
・源泉所得税の納期の特例の承認に関する申請書（税務署）
その他、必要に応じて下記の書類
・棚卸資産の評価方法の届出書（税務署）
・減価償却資産の償却方法の届出書（税務署）
・消費税課税事業者選択届出書（税務署）
・申告期限の延長の特例の申請書（税務署）
消費税の還付が
受けられる人は、
必ず消費税課税
事業者選択届出書を
提出しよう！

1期目は重要な税金・会計のイベントがいっぱい！
期限におくれないように！
パカッ
会社設立
わーい！

○設立直後　「法人通帳の作成」

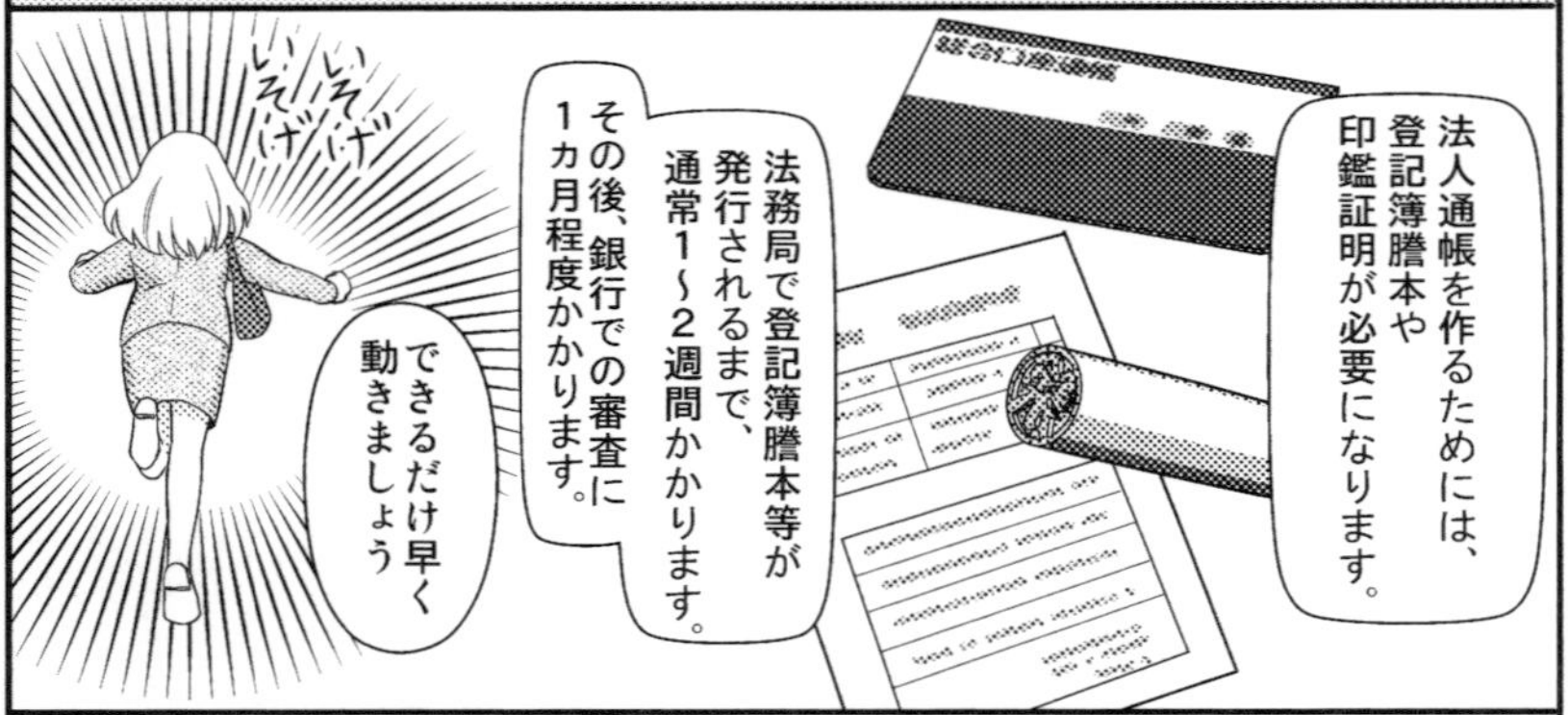
法人通帳を作るためには、登記簿謄本や印鑑証明が必要になります。
法務局で登記簿謄本等が発行されるまで、通常1～2週間かかります。
その後、銀行での審査に1カ月程度かかります。
できるだけ早く動きましょう
いそげ いそげ

○設立１ヵ月目　「経理の基礎作り」

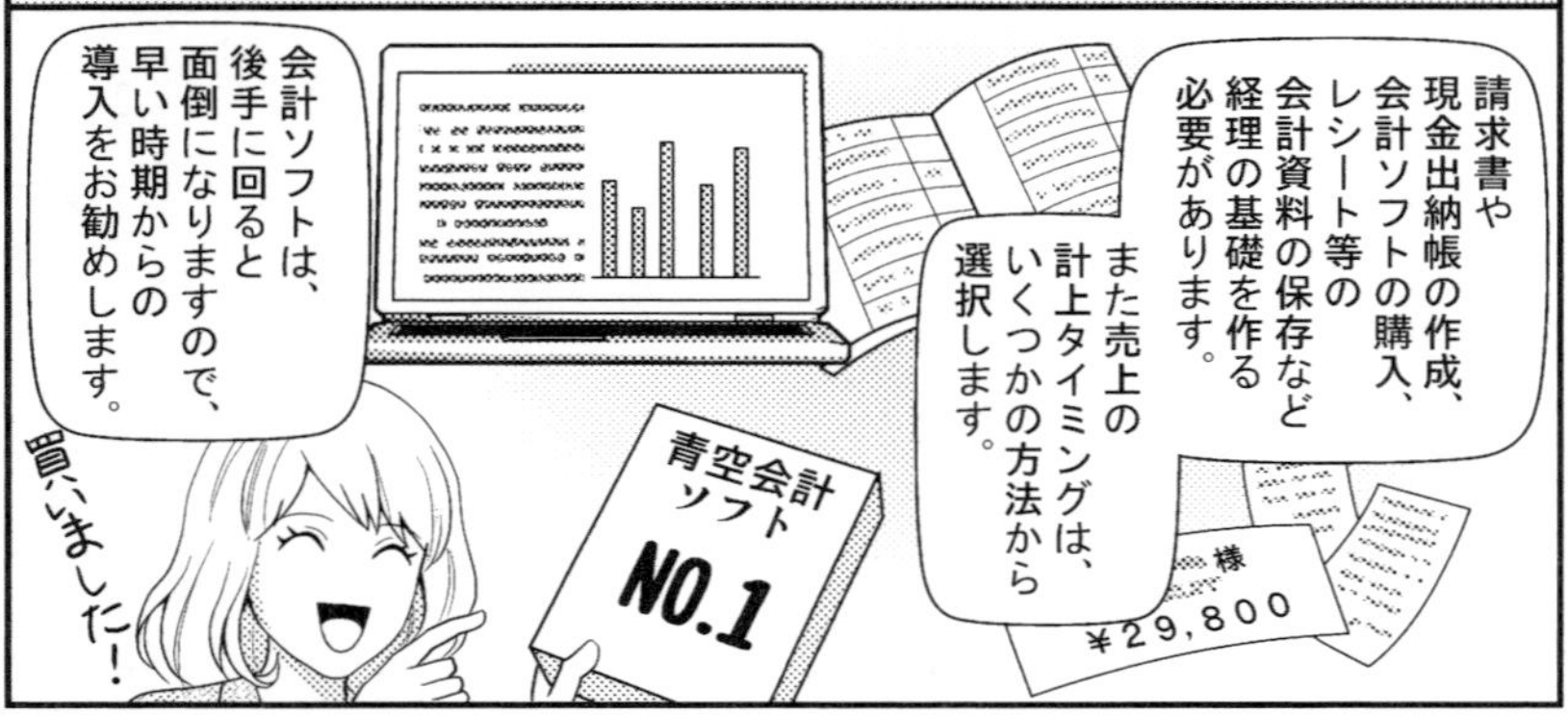
請求書や現金出納帳の作成、会計ソフトの購入、レシート等の会計資料の保存など経理の基礎を作る必要があります。
また売上の計上タイミングは、いくつかの方法から選択します。
様
￥29,800
会計ソフトは、後手に回ると面倒になりますので、早い時期からの導入をお勧めします。
青空会計ソフト
NO.1
買いました！

○設立から３ヵ月以内　「役員報酬の決定」
役員報酬は期首から3ヵ月以内に決定し、毎月定額を支給することが必要です。
高く設定しすぎると、所得税や社会保険が高くなります。
逆に低く設定しすぎると、法人に利益が残り法人税が高くなります。
1期目の予想利益を考えて、適切な設定をしてください。
役員報酬
社会保険料
利益
税
バランス
役員報酬は3ヵ月以内に決定しないと、0円になるよ!!
ええ!!

○7月10日　「源泉所得税の納税（1月分から6月分）」
源泉所得税の納期の特例の承認を受けていれば、役員報酬や給与から天引きする源泉所得税を半年分まとめて納めることができます。
役員
社員
社員
源泉所得税1月～6月分
納税
7月10日まで
1月から6月の間に支給した役員報酬・給与にかかる源泉所得税は、7月10日までに納めます。
○12月　「年末調整」
毎月の源泉所得税は概算ですので、年末調整で1年間の所得税を正確に計算し、過不足を調整します。
年末調整
源泉徴収票
還付金
年末調整後は、各人に源泉徴収票を発行して還付金があれば、給与と一緒に支払います。

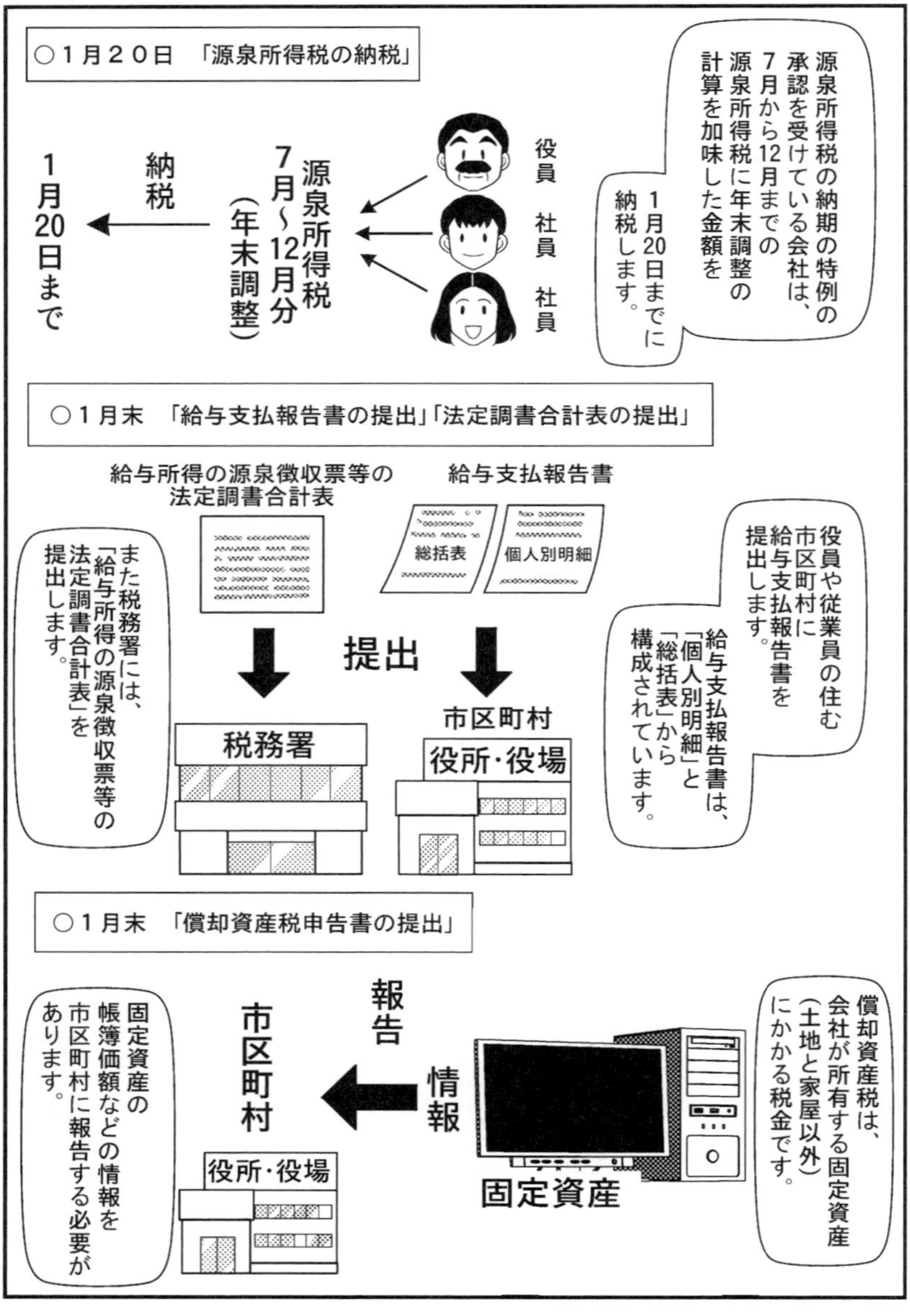

○1月20日　「源泉所得税の納税」
源泉所得税の納期の特例の承認を受けている会社は、7月から12月までの源泉所得税に年末調整の計算を加味した金額を
1月20日までに納税します。
役員
社員
社員
源泉所得税
7月～12月分
（年末調整）
納税
1月20日まで
○1月末　「給与支払報告書の提出」「法定調書合計表の提出」
給与所得の源泉徴収票等の法定調書合計表
給与支払報告書
総括表
個人別明細
役員や従業員の住む市区町村に給与支払報告書を提出します。
給与支払報告書は、「個人別明細」と「総括表」から構成されています。
また税務署には、「給与所得の源泉徴収票等の法定調書合計表」を提出します。
提出
税務署
市区町村
役所・役場
○1月末　「償却資産税申告書の提出」
償却資産税は、会社が所有する固定資産（土地と家屋以外）にかかる税金です。
固定資産
情報
報告
市区町村
役所・役場
固定資産の帳簿価額などの情報を市区町村に報告する必要があります。

○期首から９ヵ月　「決算シミュレーションと節税」

9ヵ月の会計の実績データに、残り3ヵ月の予測を入れた決算シミュレーションを行います。
会社のホームページ作ってみようかしら
ＨＰ
黒字が想定より大きい場合は、3ヵ月で間に合う節税を検討します。
逆に赤字となる場合は、経費の削減や受注の前倒しなどに注力をします。

○１２ヵ月目　「決算月」

在庫があるビジネスの会社は、事業年度末の在庫の棚卸しを行い、正確な在庫確認を行います。
賞与
その他、決算賞与などの事業年度末のイベントを漏れなく行います。

○決算日から２ヵ月以内　「法人税の申告と納税」

決算日の2ヵ月後が法人税の申告期限です。
法人税の申告書や決算書などの書類を税務署に提出します。
また同時に納税も行います。
税務署
都道府県や市区町村への各種地方税や、消費税についても申告と納税を行います。
納税
申告書
決算書

うーーん
ダメー
一度に
説明されても
わかんないよー
税金や会計の勉強は、
会社を作ったら
経営者の必須科目だよ
会計
成功している
起業家は、
みんな身に付けて
いるんだ
success
税金の世界は、
知ってる人は
得をする
知らない人は
損をする
だから

面倒でも避けちゃ
ダメなんだ
僕は美咲の起業が
成功することを
願ってる
いや、
成功させたいんだ
翔太…
なによ〜
私より熱く
なっちゃって！
わかったわ、
私、やってみる！
こうして
税金知識ゼロの
起業1年目が、
始まったのでした

目次

第2章
会社をつくったら、やらなくてはならないお金のこと
その1　社会保険、税金

第3章

会社をつくったら、やらなくてはならないお金のこと　その2　会計処理

第4章 必須の節税知識

第5章
決算を行う

第6章 専門家の活用方法

本書は２０２３年９月30日時点で施行されている法律に基づいて編集されています。改正などにより、掲載内容に変更が生じる可能性がありますので、ご利用の場合は必ず所轄の機関や有資格者に確認をお願いいたします。

第1章

会社をつくったら、まずやるべきこと

1

銀行口座を開設する

金融機関の種類

法人としてビジネスを行うにあたり、必ず必要になるのが銀行口座です。

しかし、個人と違って、法人の銀行口座はすぐに開設することができません。通常は2週間から1カ月程度の審査があり、場合によっては断られる可能性もあります。

そのため、早めに開設手続きを行う必要がありますが、金融機関や口座の種類によって使い勝手が違うので、それぞれの特徴を理解しておくことが大切です。

なお、本書では次の4つの金融機関をまとめて「銀行」と表記します。

①都市銀行（都銀）

大都市に本店を構え、全国規模でサービスを提供している銀行です。現在は、みずほ銀行、三菱ＵＦＪ銀行、三井住友銀行、りそな銀行、埼玉りそな銀行の5行が一般的に「都市銀行」と呼ばれています。

②地方銀行（地銀）

全国地方銀行協会に加盟している銀行で、多くは本店所在地の都道府県で最大規模の金融機関になっています。地元の中小企業や個人を主な顧客としています。

③信用金庫（信金）

地域の企業や個人が利用者・会員となって出資する協同組織の非営利の金融機関です。営業地域が一定の地域に限定されています。

④信用組合（信組）

信金と同様に協同組織の金融機関で、組合員の相互扶助を目的として非営利で運営されています。組合員にならなければ利用ができず、営業区域内の在住者や在勤者、事業者などしか組合員にはなれません。

中小企業の場合、地域社会の利益を優先する信用金庫や信用組合で口座を開設すると、融資以外にも経営相談や人の紹介などの支援を受けやすいので、おすすめです。

ただし、店舗やＡＴＭ（現金自動預払機）の多さ、ネットバンキングの利便性などの面では、都銀や地銀のほうが優れています。できれば複数の銀行口座を持っておき、状況に応じて使い分けるといいでしょう。

銀行口座の種類

銀行口座については、次の3種類を持っておくと便利です。普通預金は必須ですが、他の2つの口座も普通預金にはない特徴があるので、検討してみましょう。

①普通預金

個人の普通預金と同じように、お金の出し入れが自由にできます。ATMやネットバンキングを使った入出金や振り込みはもちろん、給与支払い、公共料金の引き落としなど、さまざまな場面で使います。

②当座預金

小切手や手形による支払いを行う場合に必要になります。当座預金を開設するには厳しい審査があり、これに通れば小切手を発行することができます。しかし、手形については取引実績による信頼を得るまでは発行できません。当座預金には利息がつかず、通帳が発行されないという点に注意が必要ですが、毎月送られてくる当座勘定照合表でお金の動きを確認することができます。

③納税準備預金

国税や地方税を納税するために使用する口座です。普通預金でも納税はできますが、一般的に納税準備預金は利率が高いことが多く、しかも利息は非課税です。納税準備預金への預け入れは自由ですが、引き出しは納税目的に限られる点に注意が必要です。

口座開設の手順

銀行口座の開設は次のような手順で行います。

①印鑑を作る

法人として事業を始めるにあたり、少なくとも「代表者印（実印）」「銀行印」「角印」の3つの印鑑が必要となります。

〈代表者印〉……いわゆる「実印」で契約書などに使用します。代表者印を作ったら、必ず法務局に登録します。この登録により印鑑登録証明書が発行され、銀行口座の開設などを行えるようになります。なお、法務局に株式会社の代表者印を登録するには、1辺が10㎜〜30㎜の正方形の中に収まるサイズでなければいけません。18㎜や21㎜の丸形の印鑑が定番です。ネットショップなどで会社の印鑑として販売されているものを選べば間違いありません。

〈銀行印〉……銀行取引に使う印鑑です。実印を外に持ち出すのは危険なため、金庫などに保管し、銀行取引の際は実印ではなく銀行印を使うようにしましょう。

〈角印〉……「社印」とも呼ばれ、「○○株式会社之印」などと記載します。領収書や請求書など日常業務で発行する書類に使用します。

②必要書類の準備

銀行口座の開設に必要な書類は銀行ごとに異なりますが、一般的には以下のような書類を求められます。法人の登記簿謄本などの書類が必要になるため、必然的に口座開設手続きは法人設立後に行うことになります。

・法人の登記簿謄本（履歴事項全部証明書）
・口座開設時に銀行に登録する銀行印
・法人の印鑑登録証明書
・窓口に行く人の本人確認書類

③銀行の窓口で手続き

法人口座は、原則として会社の本店の最寄りの支店で開設することになります。ただし、都市銀行やネット銀行などでは、インターネットでの申し込みも可能です。

直接窓口で手続きを行う場合は、必要書類を持参したうえで「口座開設依頼書」に記入します。このとき、口座開設の目的や事業内容の確認、入金の予定などを聞かれますので、きちんと説明できるように準備しておきましょう。

④口座開設

口座開設の審査に通ったら、通帳やキャッシュカードなどが交付されます。法人設立後、しばらくは社長個人名義の口座で取引を行わざるを得ませんが、法人名義の口座が開設できたら、すみやかに会社の取引を法人名義の口座に集約しましょう。

口座開設の審査が断られるケース

法人名義の口座開設には審査があるため、必ず開設できるわけではありません。

とくに注意が必要なのが、いわゆる「バーチャルオフィス（住所や電話番号など事務所としての機能だけをレンタルできる仮想の事務所）」を会社の本店所在地にして登記をしている場合です。バーチャルオフィスを本店とする会社の口座開設では審査が厳しい銀行もあり、登記された所在地で本当に業務を行っているかどうかをチェックするために、賃貸借契約書の提示を求められたり、固定電話の有無を聞かれたりします。

したがって、もしバーチャルオフィスを利用するのであれば、法人の本店所在地は社長の自宅で登記し、自宅近くの銀行で口座開設の手続きをしたほうがスムーズです。

また、業務内容や資本金もチェックされます。許認可が必要なビジネスで許認可を取得していない場合や、どのような業務内容かわからない場合などは、口座開設を断られることがあります。資本金については、1円でも法人登記を行うことが可能ですが、口座開設は難しいと考えられます。少なくとも事業が回る程度の金額を資本金にしておきましょう。

2 税務関係の届出書を出す

法人設立届出書

法人を設立した後は、必ず税務署などへの届出が必要です。実際に行うべき届出は業態などによって異なりますが、ここからは代表的なものをご紹介します。

「法人設立届出書」は、設立した法人の名称や所在地などの情報を通知するための書類です（図表1）。税務署だけでなく、都道府県税事務所や市区町村役場にもそれぞれ提出する必要があります。様式は都道府県、市町村によって異なりますが、記載内容はほぼ同じです。

図表1　法人設立届出書

税務署受付印

法 人 設 立 届 出 書

※整理番号	

令和　年　月　日	本店又は主たる事務所の所在地	〒 電話(　　)　　―
	納税地	〒
	(フリガナ) 法人名	
税務署長殿	法人番号	
新たに内国法人を設立したので届け出ます。	(フリガナ) 代表者氏名	
	代表者住所	〒 電話(　　)　　―

設立年月日	令和　年　月　日	事業年度	(自)　月　日 (至)　月　日
設立時の資本金又は出資金の額	円	消費税の新設法人に該当することとなった事業年度開始の日	令和　年　月　日

事業の目的	(定款等に記載しているもの) (現に営んでいる又は営む予定のもの)	支店・出張所・工場等	名称	所在地

設立の形態	1　個人企業を法人組織とした法人である場合(　　　　税務署)(整理番号：　　　　) 2　合併により設立した法人である場合 3　新設分割により設立した法人である場合（□分割型・□分社型・□その他） 4　現物出資により設立した法人である場合 5　その他(　　　　　)

設立の形態が2～4である場合の適格区分		適格・その他	添付書類	1　定款等の写し 2　その他 (　　　　　　)
事業開始（見込み）年月日		令和　年　月　日		
「給与支払事務所等の開設届出書」提出の有無		有・無		
関与税理士	氏名			
	事務所所在地	電話(　　)　　―		

税理士署名	

※税務署処理欄	部門		決算期		業種番号		番号		入力		名簿		通信日付印	年 月 日	確認	

（規格A4）

03.06 改正

提出先………所轄税務署、都道府県税事務所、市区町村役場
提出期限……法人設立の日から2カ月以内（都道府県・市区町村は独自の期限あり）
提出書類……定款の写し
提出部数……1部（資本金1億円以上の法人は2部）

青色申告の承認申請書

青色申告の承認申請書は、節税効果のあるさまざまな特典を受けるために提出が必要となる書類です。赤字を10年間繰り越せたり、中小企業であれば少額減価償却資産の特例により、30万円未満の減価償却資産を事業供用した際に即時に経費（損金）に落とすことができるので、忘れずに届出をしておきましょう。

提出先………所轄税務署
提出期限……設立の日から3カ月を経過した日と設立日の属する事業年度終了日のうち、いずれか早い日の前日

提出部数……1部（資本金1億円以上の法人は2部）

給与支払事務所等の開設届出書

法人を設立すると、役員報酬を出したり、社員に給与を支払うことになります。そこで源泉徴収や年末調整の手続きが必要になります。「給与支払事務所等の開設届出書」を税務署に提出すると、これらの手続きに必要な書類を定期的に送ってもらうことができます。

提出先………所轄税務署
提出期限……給与支払事務所開設の日から1カ月以内
提出部数……1部

源泉所得税の納期の特例の承認に関する申請書

給与から差し引いた源泉所得税は、原則として徴収した日の翌月10日までに納める義務があります。しかし、給与の支給人数が常時10人未満の場合に限り、「源泉所得税の納期の特例の承認に関する申請書」を提出することで、源泉所得税を半年分まとめて納税できるようになります。具体的には1月～6月分を7月10日までに、7月～12月分を翌年の1月20日までに納めることになります。

提出先……所轄税務署
提出期限……とくになし（提出した日の翌月に支払う給与から適用）
提出部数……1部

定款の定め等による申告期限の延長の特例の申請書

法人税の申告書は、原則として事業年度終了日の翌日から2カ月以内に提出する必要があります。ただし、「定款の定め等による申告期限の延長の特例の申請書」を提出することで、申告期限を1カ月間延長することができます。

ただし、延長した期間は利息（利子税）がかかるので、2カ月以内に納税することをおすすめします。

なお、税務署への届出とは別に、都道府県税事務所と市町村に対しても申告期限の延長を求める手続きがあります。こちらは「申告書の提出期限の延長の処分等の届出書・承認申請書」を作成します。

提出先……所轄税務署
提出期限……最初に適用を受けようとする事業年度終了日まで（都道府県・市町村はそれぞれが決めた期限）
提出部数……1部（資本金1億円以上の法人は2部）

その他の書類

ここまでにご紹介した申請書のほか、以下のような提出書類も存在します。とくに消費税の還付を受けることを検討している方は、「消費税課税事業者選択届出書」を期限までに提出してください。提出を忘れると、消費税の還付を受けることができなくなります。

提出期限は、適用を受けようとする課税期間の初日の前日（事業年度の最終日）までです。それにより、翌課税期間から課税事業者となります。新設法人の場合は、1期目の末日までに提出すれば、1期目から課税事業者となります。よく似た名前の書類で「消費税課税事業者届出書」という書類があるので、間違えないよう注意してください。記載方法等は、国税庁のホームページに記載されています。

なお、2022年からインボイス制度（213ページ参照）にともなう提出書類が増えています。この点については第5章で詳しく説明します。

・棚卸資産の評価方法の届出書
・減価償却資産の償却方法の届出書
・有価証券の一単位当たりの帳簿価額の算出方法の届出書
・消費税課税事業者選択届出書
・消費税簡易課税制度選択届出書

3 社会保険の加入手続きをする

社会保険の加入手続き

法人を設立した場合、規模や業種に関係なく、すべての事業所が社会保険に加入する義務があります。たとえ社長1人だけの会社であっても社会保険の強制適用事業所に該当するため、設立時から届出を行わなくてはいけません。

このときに提出するのは、「(健康保険・厚生年金保険) 新規適用届」と「(健康保険・厚生年金保険) 被保険者資格取得届」です。さらに加入者に被扶養者がいる場合は「健康保険被扶養者 (異動) 届」も必要になります。これらの書類は年金事務所の窓口でもらえるほか、日本年金機構のホームページからも入手することができます。

なお、新規適用届の提出は一度限りですが、被保険者資格取得届と健康保険被扶養者（異動）届は、加入義務のある従業員を雇い入れた場合に、その都度提出が必要になるので注意してください。

提出先………年金事務所
提出期限……会社設立から5日以内
提出部数……1部

新規適用届の必要書類

・法人の登記簿謄本
・賃貸借契約書のコピー（事業所の所在地が登記簿の記載と異なる場合）

被保険者資格取得届の必要書類

・年金手帳（基礎年金番号通知書）またはマイナンバーカード（書類記入に使用）

健康保険被扶養者（異動）届の必要書類

・住民票の写し、またはマイナンバー（書類作成時の確認に必要）
・収入を確認するための資料（書類作成時の確認に必要）

労働保険関係成立届

社会保険に加え、一般の従業員・パート・アルバイトを1人でも雇い入れた場合は「労働保険」の加入義務が発生します。労働保険とは、労災保険と雇用保険を合わせたもので、雇用主である会社が手続きを行う必要があります。

労働保険の手続きのうち、最初に行うべきものは「労働保険関係成立届」の提出です。これは、労災保険と雇用保険（もしくは労災保険のみ）を適用する事業所になったことを届け出るものです。

提出先………労働基準監督署、ハローワーク
提出期限……雇用をした日の翌日から10日以内

提出部数……1部

添付書類

・法人の登記簿謄本（原本）

労働保険概算保険料申告書

労働保険関係成立届に加えて、労働保険料を納めるための「労働保険概算保険料申告書」も提出する必要があります。この申告書を使い、雇い入れる労働者の給料から概算で労働保険料を計算し、先払いで保険料を納めるルールになっています。

提出先……労働基準監督署、ハローワーク、日本銀行等

提出期限……雇用をした日の翌日から50日以内

提出部数……1部

雇用保険適用事業所設置届・雇用保険被保険者資格取得届

雇用保険に加入する事業所の場合、「雇用保険適用事業所設置届」と「雇用保険被保険者資格取得届」を提出します。このとき、先ほど説明した労働保険関係成立届の事業主控えを添付する必要があります。

提出先……ハローワーク
提出期限……雇用保険の該当者を雇用した日の翌日から10日以内
提出部数……1部

添付書類
・法人の登記簿謄本（原本）
・公共料金請求書（領収書）、賃貸借契約書……事業所の実在確認
・営業許可証、出荷・売上伝票……事業実態確認

・労働保険関係成立届の事業主控え
・出勤簿（タイムカード）……雇い入れ日確認
・雇用契約書の控え等……労働条件確認
・雇用保険被保険者資格取得届（提出期限は翌月10日）
・賃金台帳

4 創業融資を申し込む

プロパー融資と保証付き融資

融資は資金繰りの安定化のために欠かせないものですが、金利や返済期間、保証人などの条件に注意しなくてはいけません。これらの条件次第では、融資を受けた後に資金繰りが苦しくなるおそれがあるからです。

なお、融資は銀行や信用金庫、日本政策金融公庫から受ける場合が一般的です。銀行から事業用の融資を受ける場合、「プロパー融資」と「保証付き融資」の2種類の方法があります。

①プロパー融資

融資の際に銀行が独自で審査を行うタイプの融資です。万が一返済が不能となった場合は銀行が直接損害を受けるため、審査の基準が厳しく時間もかかります。プロパー融資には「保証料がかからない」というメリットがありますが、創業したばかりの企業が融資を受けるのは難しい場合が多いです。

②保証付き融資

「信用保証協会」という公的機関が会社の保証人になり、返済が困難になった場合に会社の代わりに立て替えて返済を行う融資制度のことです。保証協会に保証をしてもらうためには審査が必要ですが、審査に通ればスムーズに融資が進みます。ただし、金利とは別に「保証料がかかってしまう」というデメリットがあります。

公庫の新創業融資制度

新創業融資制度とは、創業前または創業後間もない事業者を対象に、日本政策金融公庫が行っている制度です。最高3000万円（うち運転資金1500万円）まで、低金利かつ無担保・無保証で利用することができます。

なお、この新創業融資制度では、創業資金総額の10分の1以上の自己資金を用意することが必要です。

これら公庫による融資を受けるためには、創業計画書などを作成して提出する必要があります。

5 役員報酬を決定する

役員報酬のルール

会社を設立したら、すぐに役員報酬を決める必要があります。法人税法では期首から3カ月以内に決定すべきこととなっていますが、社会保険の加入手続きの際に役員報酬を届け出ることになるので、あまり猶予はありません。ただ、ここで適当な金額に設定してしまうと、余計な税金や社会保険料を負担することになりかねません。

また、そもそも法人としてどれほどの利益が出るのか正確に読むことは難しいので、きちんと支払える役員報酬額に設定することも大切です。

たとえば、役員報酬を年間800万円に設定するとしましょう。法人の利益が500万円しかなければ、役員報酬を支払うことはできません。逆に法人の利益が３０００万円も出たのであれば、役員報酬をもっと高くしておいたほうが節税できたことになります。

さらに、法人の役員報酬のルールは「あらかじめ決めた役員報酬は、次の事業年度まで変更できない」のが基本です。したがって、「利益が出たから役員報酬を上げよう」というわけにはいきません。将来の会社の利益などを予測して、最適な役員報酬に設定する必要があるのです。

役員報酬の決定は議事録に残す

会社法では、「取締役の報酬等について定款で定めていない場合には、株主総会の決議によること」とされています。したがって、株主総会により役員報酬を決定し、これを議事録に残しておかなければなりません。また、将来的に税務署の税務調査が入るときには、役員報酬の決定の議事録が確認されることになります。

役員報酬についての議事録が必要となるタイミングは、会社設立時は設立日から３カ月以内、役員報酬を変更するときは事業年度開始の日から３カ月以内です。

基本的に役員報酬を変えられるのは年に1回ですが、会社の経営状況が著しく悪化した場合や、取締役から監査役への変更など、やむを得ない事情があった場合に限り、臨時株主総会を開いて変更することが可能です。

適切な役員報酬の考え方

役員報酬は、会社と社長個人の税金や社会保険料に大きく影響します。一度設定すると原則として1年間は変更できないので、慎重に考えなくてはいけません。

まずは、役員報酬を上げることと下げることの主なデメリットを理解しておきましょう。

【役員報酬を上げるデメリット】

・社長の所得税・住民税が増える
・社会保険料が増える

【役員報酬を下げるデメリット】

・会社の法人税の負担が増える
・社長の生活費が不足するおそれがある
・銀行融資の際に、代表者の個人保証能力の評価が低くなる

このように、役員報酬を上げることと、下げることには、それぞれデメリットがあります。そのため、「会社の節税になるから役員報酬を上げよう」などと、1つの理由だけで決めてしまうと、後から思わぬデメリットが生じて困る可能性があるのです。

役員報酬を決めるときの基本的な考え方は、「設立当初は低めに設定し、2期目以降は会社の業績に合わせて上げていく」ということです。

通常、創業期は会社の利益がまだ少なく、会社にかかる税金は少なくなっています。そもそも会社が赤字であれば、会社にかかる税金はほぼゼロです。

このような状況で役員報酬を上げても、会社の節税にはつながりません。「単に社会保険料や社長個人の税金が増えるだけ」というデメリットが生じるので、やめておいたほうがいいでしょう。

会社の利益の金額や社長の生活費を目安に、役員報酬を低く設定しておけば、社会保険

料や社長個人の所得税・住民税も節約することができます。

【比較シミュレーション】

次の2つのシミュレーションは、役員報酬を考慮せずに正味で出た利益が１３６０万円だったケースです。このケースで、役員報酬を月額30万円にした場合と、月額１００万円にした場合で、「会社＋個人」でどのくらい税金が変わるかを見てみます。

①自分の役員報酬が月額30万円（＝年間３６０万円）で、会社に１０００万円の利益が残っている場合

「法人税等：約２７０万円」＋「個人の所得税・住民税：約14万円」＝合計約２８４万円

②自分の役員報酬が月額１００万円（＝年間１２００万円）で、会社に１６０万円の利益が残っている場合

「法人税等：約42万円」＋「個人の所得税・住民税：約２２２万円」＝合計約２６４万円

※扶養家族は妻と16歳以上19歳未満の子ども２人（社会保険料は考慮しないと仮定）

役員報酬を家族に支払うと節税できる

社長の親族を役員にすると、役員報酬の設定にバリエーションが生まれます。うまく報酬額を設定することで、税金や社会保険料を節約することが可能です。

次の２つのケースで比較をしてみましょう。

①自分の役員報酬が月額１００万円（扶養なし）の場合
②自分の役員報酬が月額60万円、配偶者の役員報酬が月額40万円（扶養なし）の場合

この2つのケースは、どちらも会社から見ると役員報酬を年間１２００万円支払っています。ですから、会社の利益にかかる法人税に対する節税効果は①と②で変わりません。

しかし、個人の所得税・住民税を計算すると、①が約２６２万円であるのに対し、②は約１５６万円に収まります。

このように個人の税負担に差が出てくるのは、日本の所得税が累進税率になっているからです。1人で1200万円を受け取る場合と、2人で600万円ずつ受け取る場合では、後者のほうが税率は低くなります。また、基礎控除などの所得控除を2人分使えることによる節税効果もあります。

もちろん、配偶者が会社の業務を何もしていない場合は、役員報酬を支払うことはできません。しかし、経理や経営の相談など何かしらの会社の業務に携わっている場合には、役員報酬を支払う方向で検討するといいでしょう。

配偶者のほかにも、成人した子どもなどの家族に役員報酬を支払った場合も、同様の効果を期待することができます。

このように、役員報酬を設定するときは「所得を分散させる」ことを意識するのが大切です。

役員報酬を分散させるときの注意点

「所得税の税率を低くする」という意味では、「半々にする」のが1つの目安となります。

ただし、役員報酬を社長と配偶者の2人で受け取る場合、常に半々がベストというわけではありません。銀行から融資を受ける際、代表者の収入があまりに低いと代表者の保証能力が低く評価され、融資額が少なくなることがあるからです。

創業期で会社の利益が少なく、そもそも役員報酬を多く出せる余力がない状況であれば、配偶者への役員報酬の金額を扶養に入れる範囲に設定するのも1つの考え方です。その後、役員報酬を支払える余力が増えたら、社長と配偶者それぞれの役員報酬を上げる、これが基本的な考え方になります。

とくに、配偶者を社会保険の扶養に入れることによる節約効果は侮《あなど》れません。配偶者を社会保険の扶養に入れると、配偶者の健康保険料や介護保険料、国民年金保険料の支払いは不要となります。

社会保険の扶養は「年間収入130万円」がボーダーになるので、配偶者の役員報酬を考えるときの目安にするといいでしょう。また、扶養に入れるときは勤務実態に合わせて「非常勤役員」として年金事務所に届けておくのが無難です。

このように役員報酬の設定は奥が深く、社長だけで考えるのは難しいかもしれません。できれば、税理士や社会保険労務士に相談したうえで、年に一度、最適な報酬を探るようにしておきましょう。

役員報酬を支給するときの注意点

役員報酬の決め方における注意点を説明しましたが、支払い方法にもいくつか注意が必要です。

役員報酬には「定期同額給与」というルールがあり、毎月一定の時期に同額が払われた場合にのみ、税務上の損金にすることができます。一度役員報酬を決めたら、その事業年度は決めたとおりの金額を支払わないといけません。

役員報酬を変えられるタイミングは事業年度開始から3カ月間に限られるため、この期間に株主総会を開催して役員報酬を決定してください。このときの決定事項を議事録として残しておきましょう。

このように、いったん役員報酬を決めたら、その後は原則として1年間は同じ金額を支払う必要があります。

たとえば、「思ったより会社の業績がいいから、役員報酬を1000万円増やそう」と思って実際に支払ったとしても、その1000万円は会社の税金計算上は損金として差し引くことができません。逆に会社の業績が悪いからといって役員報酬を減額しても、やはり減額した部分は損金になりません。

なお、役員報酬ではなく賞与として支払った場合も定期同額給与のルールから外れると判断されて損金になりませんが、あらかじめ「事前確定届出給与に関する届出書」を期限内に税務署に提出した場合は、賞与を損金にすることができます。

第2章

会社をつくったら、やらなくてはならないお金のこと　その1　社会保険、税金

1 給与計算をする

給与計算の流れ

会社の設立にともなう手続きが終わった後も、お金に関するさまざまな手続きがあります。そこでまず必要となるのが、給与計算の処理です。

給与計算は、基本的に次のような流れで行います。

①総支給額の計算

役員報酬は毎月一定額を支払う形になりますが、従業員を雇う場合は、勤務時間や割増賃金、各種手当を確認して月ごとに総支給額を計算します。1日8時間、週40時間までの法定労働時間を超えて勤務した場合は、必ず規定の割増賃金（図表２）を支払わなくてはいけないので、支給漏れのないようにしましょう。

②控除額の計算

総支給額から差し引くべき控除額は、次のように複数の種類があります。それぞれ計算方法が違い、差し引いた後に役所に納める手続きがある点に注意が必要です（詳しくは後述します）。

・所得税
・住民税
・社会保険料（健康保険・厚生年金）

図表2　割増賃金の種類

種　類	支払う条件	割増率
時間外 （時間外手当、残業手当）	法定労働時間（1日8時間·週40時間）を超えたとき ※1カ月45時間·1年360時間が上限	25%以上
	時間外労働が1カ月60時間を超えたとき ※36協定の特別条項が必要	50%以上
休日 （休日手当）	法定休日（週1日）に勤務させたとき	35%以上
深夜 （深夜手当）	22時から5時までの間に勤務させたとき	25%以上

・介護保険料（40歳から64歳の者のみ）
・雇用保険料

③給与を支給する

総支給額と控除額を把握したら、会社が支払うべき給与の金額がわかります。この金額をあらかじめ定めた給与の支給日に支払ってください。給与支給を行うときは、給与明細の発行や銀行の振り込み処理などの付随業務も発生します。

所得税の源泉徴収

給与から所得税を差し引くことを「源泉徴収」といいます。会社は源泉徴収によって所得税を預かり、これを本人に代わって納付しなければなりません。

源泉徴収すべき金額（源泉所得税）は、国税庁が定める「源泉徴収税額表」によって計算します（図表3）。

図表3　給与所得の源泉徴収税額表（月額表）

給与所得の源泉徴収税額表（令和５年分）

(一)　**月額表**（平成24年３月31日財務省告示第115号別表第一（令和２年３月31日財務省告示第81号改正））（～166,999円）

その月の社会保険料等控除後の給与等の金額		甲								乙
		扶養親族等の数								
		０人	１人	２人	３人	４人	５人	６人	７人	
以上	未満	税額								税額
円 88,000	円 円未満	円 0	円 0	円 0	円 0	円 0	円 0	円 0	円 0	円 その月の社会保険料等控除後の給与等の金額の3.063%に相当する金額
88,000	89,000	130	0	0	0	0	0	0	0	3,200
89,000	90,000	180	0	0	0	0	0	0	0	3,200
90,000	91,000	230	0	0	0	0	0	0	0	3,200
91,000	92,000	290	0	0	0	0	0	0	0	3,200
92,000	93,000	340	0	0	0	0	0	0	0	3,300
93,000	94,000	390	0	0	0	0	0	0	0	3,300
94,000	95,000	440	0	0	0	0	0	0	0	3,300
95,000	96,000	490	0	0	0	0	0	0	0	3,400
96,000	97,000	540	0	0	0	0	0	0	0	3,400
97,000	98,000	590	0	0	0	0	0	0	0	3,500
98,000	99,000	640	0	0	0	0	0	0	0	3,500
99,000	101,000	720	0	0	0	0	0	0	0	3,600
101,000	103,000	830	0	0	0	0	0	0	0	3,600
103,000	105,000	930	0	0	0	0	0	0	0	3,700
105,000	107,000	1,030	0	0	0	0	0	0	0	3,800
107,000	109,000	1,130	0	0	0	0	0	0	0	3,800
109,000	111,000	1,240	0	0	0	0	0	0	0	3,900
111,000	113,000	1,340	0	0	0	0	0	0	0	4,000
113,000	115,000	1,440	0	0	0	0	0	0	0	4,100
115,000	117,000	1,540	0	0	0	0	0	0	0	4,100
117,000	119,000	1,640	0	0	0	0	0	0	0	4,200
119,000	121,000	1,750	120	0	0	0	0	0	0	4,300
121,000	123,000	1,850	220	0	0	0	0	0	0	4,500
123,000	125,000	1,950	330	0	0	0	0	0	0	4,800
125,000	127,000	2,050	430	0	0	0	0	0	0	5,100
127,000	129,000	2,150	530	0	0	0	0	0	0	5,400
129,000	131,000	2,260	630	0	0	0	0	0	0	5,700
131,000	133,000	2,360	740	0	0	0	0	0	0	6,000
133,000	135,000	2,460	840	0	0	0	0	0	0	6,300
135,000	137,000	2,550	930	0	0	0	0	0	0	6,600
137,000	139,000	2,610	990	0	0	0	0	0	0	6,800
139,000	141,000	2,680	1,050	0	0	0	0	0	0	7,100
141,000	143,000	2,740	1,110	0	0	0	0	0	0	7,500
143,000	145,000	2,800	1,170	0	0	0	0	0	0	7,800
145,000	147,000	2,860	1,240	0	0	0	0	0	0	8,100
147,000	149,000	2,920	1,300	0	0	0	0	0	0	8,400
149,000	151,000	2,980	1,360	0	0	0	0	0	0	8,700
151,000	153,000	3,050	1,430	0	0	0	0	0	0	9,000
153,000	155,000	3,120	1,500	0	0	0	0	0	0	9,300
155,000	157,000	3,200	1,570	0	0	0	0	0	0	9,600
157,000	159,000	3,270	1,640	0	0	0	0	0	0	9,900

源泉徴収税額表には「月額表」「日額表」「賞与に対する算出率の表」という3種類があります。給与の支払いが月払いの場合は月額表を使うので、基本的には月額表を見ることになります。

月額表を見ると、「甲欄」と「乙欄」に分かれていますが、社長をはじめ、いわゆるフルタイムのサラリーマンは甲欄を使います。乙欄は、複数の会社に勤務していてメインの会社ではない会社が給与計算を行うときに使うものです。

甲欄に該当する場合、「その月の社会保険料等控除後の給与等の金額」と、「扶養親族等の数」の組み合わせによって源泉徴収税額が決まります。

そして、この扶養親族等の数を把握するために必要となるのが、「給与所得者の扶養控除等（異動）申告書」という書類です。これを提出しないと、乙欄で源泉徴収税額を計算することになり、甲欄よりも高い税額が源泉徴収されることになります。

なお、月額表の「その月の社会保険料等控除後の給与等の金額」は、給与の額面ではない点に注意してください。給与の総支給額から通勤手当などの非課税のものを引き、さらに社会保険料の合計額を差し引いて計算しなくてはいけません。

源泉所得税の計算が終わったら、これを役員や従業員に支払う給与から天引きして、いったんは会社の預かり金として帳簿に計上します。

そして、天引きした日の翌月10日までに納付するのが原則です。この納税を怠ると、「不納付加算税」という追徴課税がされるため、必ず期限内に納付するようにしましょう。

納付を行う際は、紙の納付書に記載をして金融機関などで納める方法と、インターネットを使って電子納税する方法があります。

源泉所得税は毎月1回納めるのが原則ですが、従業員が常時10人未満の会社で、源泉所得税の納期の特例の承認を受けていれば、納税を半年に1回に減らすことができます。この場合、1月から6月に天引きした分を7月10日までに、7月から12月に天引きした分は翌年1月20日までに納付します。

住民税の特別徴収

所得税と同じく、住民税も給与から差し引いて、本人に代わって納付しなければなりません。この手続きを「特別徴収」といいます。源泉徴収と特別徴収は似た制度ですが、納付のタイミングなどに違いがあるので、間違えないようにしてください。

住民税は、毎年1月1日現在に居住している市区町村に納付するため、源泉徴収と違って給与を支払った人ごとに納付先が異なります。会社員の場合、住民税は12分割され、毎月の給与から天引きされます。これを会社がとりまとめ、翌月10日までに各市区町村に納付します。

特別徴収すべき住民税の計算は、市区町村が行ってくれます。後ほど説明する「給与支払報告書」を市区町村に提出すると、毎年5月〜6月頃に各人の住民税額が記載された「特別徴収税額決定通知書」が送られます（図表4）。この通知書には、各人が納めるべき住民税の金額が6月から翌年5月までの12分割で記載されており、そのとおりに特別徴収をします。

こうして特別徴収した住民税はいったん預かり金として経理処理したうえで、翌月10日までに金融機関を通じて各市区町村に納付します。

なお、給与の支払を受ける者が常時10人未満の事業所については、住民税の納付を年2回にできる特例があります。この特例を利用する場合、「特別徴収税額の納期の特例に関する申請書」を提出してください。書類を提出し、承認を受けると、6月から11月までに徴収した税額は12月10日までに、12月から翌年5月までに徴収した税額は6月10日までに、

図表4　特別徴収税額決定通知書

令和　　年度　給与所得等に係る市町村民税・道府県民税　特別徴収税額の決定・変更通知書　（納税義務者用）

所得	給与収入		主たる給与以外の合算所得区分	営業等	農業	不動	利子	配当	給与	雑	譲渡・一時
	給与所得（所得金額調整控除後）										
	その他の所得計										
			総所得金額①								

課税標準	総所得③	
	山林所得	
	分離短期譲渡	
	分離長期譲渡	
	株式等の譲渡	
	上場株式等の配当等	
	先物取引	

所得控除	雑損		障・寡・ひ・勤	
	医療費		配偶者	
	社会保険料		配偶者特別	
	小規模企業共済		扶養	
	生命保険料		基礎	
	地震保険料		所得控除合計②	

控配	老配	扶養親族該当区分								本人該当区分						繰越損失
		特定	同老	老人	16歳未満	その他	同障	特障	他障	未成年者	特障	他障	寡婦	ひとり親	勤労学生	

（摘要）

税額	市町村	税額控除前所得割額④	
		税額控除額⑤	
		所得割額⑥	
		均等割額⑦	
	道府県	税額控除前所得割額④	
		税額控除額⑤	
		所得割額⑥	
		均等割額⑦	
	特別徴収税額⑧		
	控除不足額⑨		
	既充当額⑩		
	既納付額⑪		
	差引納付額（⑧－⑩－⑪、⑨）		
	変更前税額⑫		
	増減額（⑧－⑫）		
	変更月		月

受給者番号	氏名	指定番号
住所		宛名番号

あなたの特別徴収税額を左記のとおり決定（変更）したので、地方税法第41条及び第321条の4（第321条の6）の規定によって通知します。また、この通知書の記載事項に不服がある場合は、この通知書を受け取った日の翌日から起算して3ヶ月以内に市（町・村）長に対して審査請求をすることができます。この特別徴収税額の決定の取消しを求める訴えは、前記の審査請求に係る裁決の送達を受けた日の翌日から起算して6ヶ月以内に市（町・村）を被告として（市（町・村）長が被告の代表者となります。）提起することができます。

なお、処分の取消しの訴えは、前記の審査請求に対する裁決を経た後でなければ提起することができないこととされていますが、①審査請求があった日から3ヶ月を経過しても裁決がないとき、②処分、処分の執行又は手続きの続行により生ずる著しい損害を避けるため緊急の必要があるとき、③その他裁決を経ないことにつき正当な理由があるときは、裁決を経ないでも処分の取消しの訴えを提起することができます。

令和　　年　　月　　日

市町村長　氏　　名　㊞

納付額	6月分		9月分		12月分		3月分	
	7月分		10月分		1月分		4月分	
	8月分		11月分		2月分		5月分	

問合せ先

まとめて納付することができます。

社会保険料（健康保険・厚生年金保険・介護保険）の計算

給与から控除する社会保険料のうち、健康保険料と厚生年金保険料、介護保険料は、標準報酬月額に保険料率を掛けて計算します。

標準報酬月額は、後ほど説明する「定時決定」もしくは「随時改定」という手続きにより決まりますが、基本的には年に一度、9月に更新します。

気をつけておきたいのは、「標準報酬月額だけでなく、社会保険料の保険料率も変動する」という点です。健康保険料と介護保険料については3月分（4月納付分）から見直されるので、これにより控除すべき保険料が変わります。厚生年金保険料については平成29年（2017年）9月を最後に保険料率が固定されています。

〈例　令和5年度の東京都の協会けんぽの保険料率〉

厚生年金保険料……18・3％

健康保険料（介護保険第2号被保険者に該当する場合）……11・82％
健康保険料（介護保険第2号被保険者に該当しない場合）……10・00％

多くの会社は協会けんぽ（全国健康保険協会）に加入する形になるので、同協会が公開している保険料額表を見るのが確実です。

この表は都道府県ごとに作成されており、保険料の総額と、会社・従業員の折半額が記載されています。役員や従業員の給与から控除する保険料は、折半額の欄で確認することができます（図表5）。

こうして給与から保険料を天引きしたら、預り金として記帳したうえで、期限内に納めます。一般的には口座振替による納付を行う会社が多いですが、日本年金機構から毎月送られる納付書を使い、金融機関などで直接納付することもできます。

雇用保険料の計算

従業員を雇用する場合は、従業員の給与から雇用保険料を控除します。雇用保険料は「賃

図表5　令和5年（2023年）度の保険料額表（東京都）

令和5年3月分（4月納付分）からの健康保険・厚生年金保険の保険料額表

・健康保険料率：令和5年3月分～　適用　　・厚生年金保険料率：平成29年9月分～　適用
・介護保険料率：令和5年3月分～　適用　　・子ども・子育て拠出金率：令和2年4月分～　適用

（東京都）　　　　（単位：円）

標準報酬 等級	標準報酬 月額	報酬月額	全国健康保険協会管掌健康保険料 介護保険第2号被保険者に該当しない場合 10.00% 全額	折半額	介護保険第2号被保険者に該当する場合 11.82% 全額	折半額	厚生年金保険料（厚生年金基金加入員を除く） 一般、坑内員・船員 18.300%※ 全額	折半額
		円以上 ～ 円未満						
1	58,000	～ 63,000	5,800.0	2,900.0	6,855.6	3,427.8		
2	68,000	63,000 ～ 73,000	6,800.0	3,400.0	8,037.6	4,018.8		
3	78,000	73,000 ～ 83,000	7,800.0	3,900.0	9,219.6	4,609.8		
4(1)	88,000	83,000 ～ 93,000	8,800.0	4,400.0	10,401.6	5,200.8	16,104.00	8,052.00
5(2)	98,000	93,000 ～ 101,000	9,800.0	4,900.0	11,583.6	5,791.8	17,934.00	8,967.00
6(3)	104,000	101,000 ～ 107,000	10,400.0	5,200.0	12,292.8	6,146.4	19,032.00	9,516.00
7(4)	110,000	107,000 ～ 114,000	11,000.0	5,500.0	13,002.0	6,501.0	20,130.00	10,065.00
8(5)	118,000	114,000 ～ 122,000	11,800.0	5,900.0	13,947.6	6,973.8	21,594.00	10,797.00
9(6)	126,000	122,000 ～ 130,000	12,600.0	6,300.0	14,893.2	7,446.6	23,058.00	11,529.00
10(7)	134,000	130,000 ～ 138,000	13,400.0	6,700.0	15,838.8	7,919.4	24,522.00	12,261.00
11(8)	142,000	138,000 ～ 146,000	14,200.0	7,100.0	16,784.4	8,392.2	25,986.00	12,993.00
12(9)	150,000	146,000 ～ 155,000	15,000.0	7,500.0	17,730.0	8,865.0	27,450.00	13,725.00
13(10)	160,000	155,000 ～ 165,000	16,000.0	8,000.0	18,912.0	9,456.0	29,280.00	14,640.00
14(11)	170,000	165,000 ～ 175,000	17,000.0	8,500.0	20,094.0	10,047.0	31,110.00	15,555.00
15(12)	180,000	175,000 ～ 185,000	18,000.0	9,000.0	21,276.0	10,638.0	32,940.00	16,470.00
16(13)	190,000	185,000 ～ 195,000	19,000.0	9,500.0	22,458.0	11,229.0	34,770.00	17,385.00
17(14)	200,000	195,000 ～ 210,000	20,000.0	10,000.0	23,640.0	11,820.0	36,600.00	18,300.00
18(15)	220,000	210,000 ～ 230,000	22,000.0	11,000.0	26,004.0	13,002.0	40,260.00	20,130.00
19(16)	240,000	230,000 ～ 250,000	24,000.0	12,000.0	28,368.0	14,184.0	43,920.00	21,960.00
20(17)	260,000	250,000 ～ 270,000	26,000.0	13,000.0	30,732.0	15,366.0	47,580.00	23,790.00
21(18)	280,000	270,000 ～ 290,000	28,000.0	14,000.0	33,096.0	16,548.0	51,240.00	25,620.00
22(19)	300,000	290,000 ～ 310,000	30,000.0	15,000.0	35,460.0	17,730.0	54,900.00	27,450.00
23(20)	320,000	310,000 ～ 330,000	32,000.0	16,000.0	37,824.0	18,912.0	58,560.00	29,280.00
24(21)	340,000	330,000 ～ 350,000	34,000.0	17,000.0	40,188.0	20,094.0	62,220.00	31,110.00
25(22)	360,000	350,000 ～ 370,000	36,000.0	18,000.0	42,552.0	21,276.0	65,880.00	32,940.00
26(23)	380,000	370,000 ～ 395,000	38,000.0	19,000.0	44,916.0	22,458.0	69,540.00	34,770.00
27(24)	410,000	395,000 ～ 425,000	41,000.0	20,500.0	48,462.0	24,231.0	75,030.00	37,515.00
28(25)	440,000	425,000 ～ 455,000	44,000.0	22,000.0	52,008.0	26,004.0	80,520.00	40,260.00
29(26)	470,000	455,000 ～ 485,000	47,000.0	23,500.0	55,554.0	27,777.0	86,010.00	43,005.00
30(27)	500,000	485,000 ～ 515,000	50,000.0	25,000.0	59,100.0	29,550.0	91,500.00	45,750.00
31(28)	530,000	515,000 ～ 545,000	53,000.0	26,500.0	62,646.0	31,323.0	96,990.00	48,495.00
32(29)	560,000	545,000 ～ 575,000	56,000.0	28,000.0	66,192.0	33,096.0	102,480.00	51,240.00
33(30)	590,000	575,000 ～ 605,000	59,000.0	29,500.0	69,738.0	34,869.0	107,970.00	53,985.00
34(31)	620,000	605,000 ～ 635,000	62,000.0	31,000.0	73,284.0	36,642.0	113,460.00	56,730.00
35(32)	650,000	635,000 ～ 665,000	65,000.0	32,500.0	76,830.0	38,415.0	118,950.00	59,475.00
36	680,000	665,000 ～ 695,000	68,000.0	34,000.0	80,376.0	40,188.0		
37	710,000	695,000 ～ 730,000	71,000.0	35,500.0	83,922.0	41,961.0		
38	750,000	730,000 ～ 770,000	75,000.0	37,500.0	88,650.0	44,325.0		
39	790,000	770,000 ～ 810,000	79,000.0	39,500.0	93,378.0	46,689.0		
40	830,000	810,000 ～ 855,000	83,000.0	41,500.0	98,106.0	49,053.0		
41	880,000	855,000 ～ 905,000	88,000.0	44,000.0	104,016.0	52,008.0		
42	930,000	905,000 ～ 955,000	93,000.0	46,500.0	109,926.0	54,963.0		
43	980,000	955,000 ～ 1,005,000	98,000.0	49,000.0	115,836.0	57,918.0		
44	1,030,000	1,005,000 ～ 1,055,000	103,000.0	51,500.0	121,746.0	60,873.0		
45	1,090,000	1,055,000 ～ 1,115,000	109,000.0	54,500.0	128,838.0	64,419.0		
46	1,150,000	1,115,000 ～ 1,175,000	115,000.0	57,500.0	135,930.0	67,965.0		
47	1,210,000	1,175,000 ～ 1,235,000	121,000.0	60,500.0	143,022.0	71,511.0		
48	1,270,000	1,235,000 ～ 1,295,000	127,000.0	63,500.0	150,114.0	75,057.0		
49	1,330,000	1,295,000 ～ 1,355,000	133,000.0	66,500.0	157,206.0	78,603.0		
50	1,390,000	1,355,000 ～	139,000.0	69,500.0	164,298.0	82,149.0		

※厚生年金基金に加入している方の厚生年金保険料率は、基金ごとに定められている免除保険料率（2.4%～5.0%）を控除した率となります。

加入する基金ごとに異なりますので、免除保険料率および厚生年金基金の掛金については、加入する厚生年金基金にお問い合わせください。

◆介護保険第2号被保険者は、40歳から64歳までの方であり、健康保険料率（10.00%）に介護保険料率（1.82%）が加わります。
◆等級欄の（ ）内の数字は、厚生年金保険の標準報酬月額等級です。
4(1)等級の「報酬月額」欄は、厚生年金保険の場合「93,000円未満」と読み替えてください。

35(32)等級の「報酬月額」欄は、厚生年金保険の場合「635,000円以上」と読み替えてください。
◆令和5年度における全国健康保険協会の任意継続被保険者について、標準報酬月額の上限は、300,000円です。

○被保険者負担分（表の折半額の欄）に円未満の端数がある場合
①事業主が、給与から被保険者負担分を控除する場合、被保険者負担分の端数が50銭以下の場合は切り捨て、50銭を超える場合は切り上げて1円となります。
②被保険者が、被保険者負担分を事業主へ現金で支払う場合、被保険者負担分の端数が50銭未満の場合は切り捨て、50銭以上の場合は切り上げて1円となります。
（注）①、②にかかわらず、事業主と被保険者間で特約がある場合には、特約に基づき端数処理をすることができます。

○納入告知書の保険料額
納入告知書の保険料額は、被保険者個々の保険料額を合算した金額になります。ただし、合算した金額に円未満の端数がある場合は、その端数を切り捨てた額となります。

○賞与にかかる保険料額
賞与に係る保険料額は、賞与額から1,000円未満の端数を切り捨てた額（標準賞与額）に、保険料率を乗じた額となります。

また、標準賞与額の上限は、健康保険は年間573万円（毎年4月1日から翌年3月31日までの累計額。）となり、厚生年金保険と子ども・子育て拠出金の場合は月間150万円となります。

○子ども・子育て拠出金
事業主の方は、児童手当の支給に要する費用等の一部として、子ども・子育て拠出金を負担いただくことになります。（被保険者の負担はありません。）

この子ども・子育て拠出金の額は、被保険者個々の厚生年金保険の標準報酬月額および標準賞与額に、拠出金率（0.36%）を乗じて得た額の総額となります。

金×雇用保険料率」で計算します（図表6）。

ここでいう「賃金」は、毎月の給与や各種手当、残業代、通勤手当などの各種手当が含まれます。源泉所得税を計算するときには考慮しない通勤手当が雇用保険の計算では影響するので注意しましょう。

雇用保険料率は1年に一度見直され、4月1日から翌年3月まで適用されます。また、事業の種類ごとに保険料率が変わります。令和5年度の一般の事業の雇用保険料率は1・55％ですが、このうち労働者負担として従業員の給料から控除するのは0・6％です。残りの0・95％を事業主が負担します。健康保険料などのように折半ではない

図表6　令和5年（2023年）度の雇用保険料率

負担者／事業の種類	①労働者負担（失業等給付・育児休業給付の保険料率のみ）	②事業者負担			①＋②雇用保険料率
			失業等給付・育児休業給付の保険料率	雇用保険二事業の保険料率	
一般の事業	6／1,000	9.5／1,000	6／1,000	3.5／1,000	15.5／1,000
農林水産・清酒製造の事業（※）	7／1,000	10.5／1,000	7／1,000	3.5／1,000	17.5／1,000
建設の事業	7／1,000	11.5／1,000	7／1,000	4.5／1,000	18.5／1,000

※園芸サービス、牛馬の育成、酪農、養鶏、養豚、内水面養殖及び特定の船員を雇用する事業については「一般の事業」の率が適用される。

ので注意しましょう。

雇用保険料の納付は、毎年6月の「労働保険の年度更新」（87ページ参照）が終わってから、7月10日までに行います。

そのため、毎月の給与や賞与から控除した保険料は預り金として記帳し、納付のタイミングまで取っておきましょう。なお、一定の条件を満たした場合は、保険料の納付を年1回にまとめず、3回に分割することも可能です。

2 会計ソフトを使い始める

会計ソフトの役割

会社を立ち上げて事業を行うにあたり、必ず必要になるのが帳簿を作成することです。ただ、昔のように電卓を使って手書きで用紙に記載するのはかなり大変なので、利用料金はかかりますが会計ソフトを使うことを必須と考えてください。

会計ソフトの第一の役割は、日々の取引などを記録し、貸借対照表や損益計算書などの決算書の作成に必要となる帳票を作成することにあります。この情報がなければ税務申告を行うことができないので、会計ソフトには非常に大きな役割があります。さらに、会社のお金の動きを確認したり、売上や利益の状況をリアルタイムに把握するためにも、会計ソフトが役立つでしょう。

手書きやエクセルなどで会計業務を行うよりも、会計処理が効率化できる点も会計ソフトの魅力です。たとえば、取引先に請求書を発行するときに、会計ソフトのオプション機能を使って会計ソフトから請求書を発行すれば、自動的に売上金額などが記録されます。このような会計処理を効率化するための機能が会計ソフトには多く備わっているので、積極的に活用するようにしましょう。

クラウド型がおすすめ

会計ソフトを導入するにあたり、どのような会計ソフトを選ぶべきか迷うかもしれません。法人向けの会計ソフトは数多く販売されており、自社にとって最適なものを選ぶ必要がありますが、どのように選べばよいのでしょうか。

最初に押さえておきたいのは、会計ソフトは大きく「インストール型」と「クラウド型」に分けられるという点です。

インストール型は、パソコンにソフトウェアをダウンロードして使用するタイプです。

一方、クラウド型はインターネットを経由して利用するタイプで、インターネットブラウザやアプリからログインして利用します。

インストール型とクラウド型にはそれぞれ異なる強みがあるので、まずはその違いを理解しておきましょう（図表7）。

このようにインストール型とクラウド型にはそれぞれ一長一短がありますが、基本的にはクラウド型をおすすめします。なぜなら、場所を問わずにどこからでもアクセスできる点や、常に最新の法令に対応している点など、使い勝手の面でクラウド型が勝るからです。

現在は通信環境やパソコンなどのス

図表7　インストール型とクラウド型の違い

タイプ	メリット	デメリット
インストール型	• インターネット環境がなくとも利用できる • 処理スピードが速い製品が多い	• ソフトをダウンロードしたパソコンがないと利用できない • バージョンアップや法令改正に対応するために追加費用がかかる可能性がある • データの紛失リスクがある
クラウド型	• インターネットに接続すれば、どこからでも利用できる • パソコンだけでなくスマホやタブレットでも利用できる • ソフトのアップデートが自動的に行われ、最新の法令などに対応している • データがインターネット上に保管されているので紛失リスクが少ない	• 毎月費用が発生する • インターネット環境がないと利用できない • 通信環境によって処理速度が遅くなる

ペックが向上しており、処理速度の問題はほぼ気になりません。クラウド型は毎月費用が発生しますが、会社の規模によっては月２０００円程度に収まるなど、金額に見合ったメリットは十分にあります。

3 売上・経費の計上タイミング

売上は実現主義

会計ソフトを利用すれば、それほど簿記に精通していなくても記帳や帳簿作成をすることが可能です。しかし、理解しなくてはいけない会計ルールがいくつかあります。

まずは売上を計上するタイミングです。たとえば、次のように取引先に商品を販売した場合、売上はいつ発生するでしょうか？

3月10日　取引先から商品の注文を受ける
3月14日　商品を発送する

3月20日　請求書を取引先に送る
4月30日　代金が支払われる

3月決算の会社の場合、売上を3月に計上するか、4月に計上するかによって、決算書や税務申告に影響が出てきます。そのため、間違いのないようにしなくてはいけませんが、ここで基本になるのが「実現主義」という考え方です。

実現主義とは、「商品やサービスを提供したことをもって売上が実現した」と判断し、計上する基準です。この時点ではまだ売上に対する金銭は受け取っていませんが、売掛金が発生したと考えて売上を計上します。先の例の場合は、売上が発生するのは3月14日となります。

このほか、実際にお金を受け取ったときに売上を計上する「現金主義」という基準がありますが、こちらは例外的な扱いですから、実現主義を基本とする必要があります。

なお、売上がいつ実現したかを判断するには、図表8のような4つの認識基準があります。この中から任意で選び、毎期継続して同じ認識基準で売上を計上しなくてはいけません。

費用は発生主義

発生主義とは、事実の発生により認識する基準で、費用に適用されます。

たとえば、電気代については、電気代を支払ったときではなく、電気を使用したときに計上します。雑誌に広告を出したときも、お金を払ったときではなく、実際に掲載されたときに費用計上します。

このほか、売上と結びついた費用については、「費用収益対応の原則」というルールが適用されます。

たとえば、販売用の商品を仕入れたとき、期末の時点で売れ残っている場合は費

図表8　売上の認識基準

認識基準	売上が実現する日
出荷基準	商品を出荷した日
納品基準	相手に納品した日
検収基準	相手が検収完了した日
役務完了基準	サービスの提供が完了した日

用として計上せず、決算整理仕訳によって棚卸資産として計上しなくてはいけません（図表9）。

図表9　発生主義

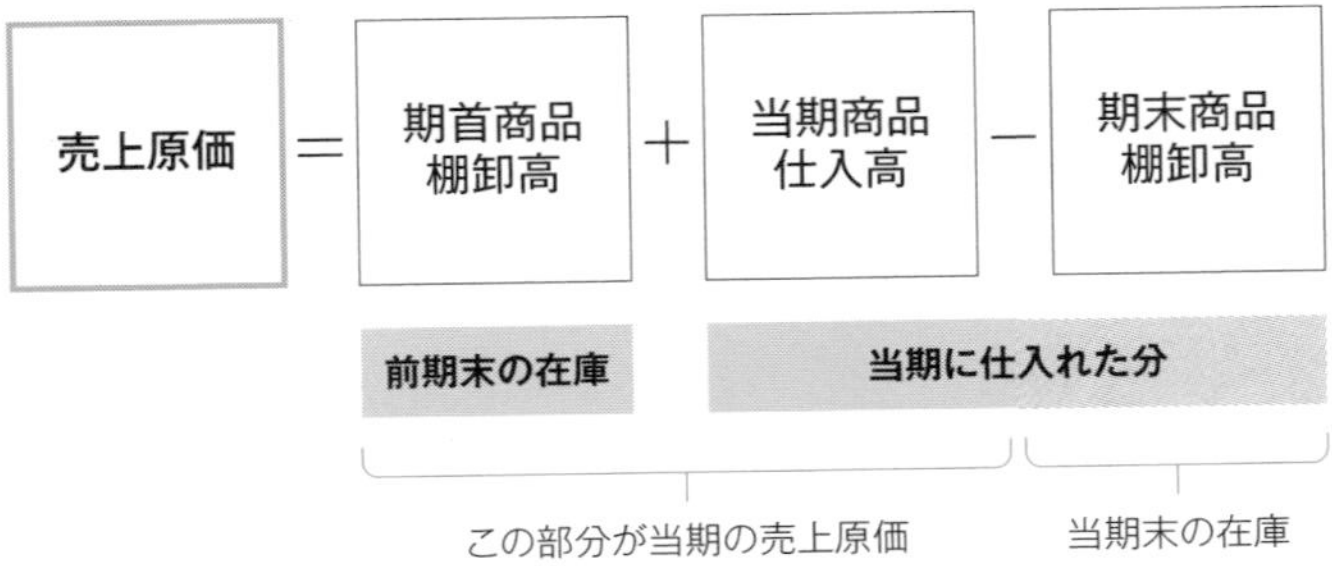

売上原価
＝
期首商品
棚卸高
＋
当期商品
仕入高
－
期末商品
棚卸高
前期末の在庫
当期に仕入れた分
この部分が当期の売上原価
当期末の在庫

4 社会保険の算定基礎届を提出する

標準報酬月額の決め方

社会保険料（健康保険、厚生年金保険、介護保険）が標準報酬月額に基づき算出されることはすでに説明しました。この標準報酬月額を確定するにあたって必要になるのが「定時決定」という手続きです。

定時決定は、毎年7月10日までに「算定基礎届」（図表10）を提出することで行います。その後、7月～8月頃に「健康保険・厚生年金保険被保険者標準報酬決定通知書」が会社に届くので、通知書に記載された標準報酬月額を使って、9月分以降の給与計算を行います。

図表10　被保険者報酬月額算定基礎届

様式コード
2 2 2 5

健康保険
厚生年金保険
厚生年金保険

被保険者報酬月額算定基礎届
70歳以上被用者算定基礎届

令和　　年　　月　　日提出

提出者記入欄

事業所整理記号	
事業所所在地	届書記入の個人番号に誤りがないことを確認しました。
事業所名称	
事業主氏名	
電話番号	(　　　　)

受付印

社会保険労務士記載欄
氏名等

項目名

① 被保険者整理番号	② 被保険者氏名		③ 生年月日	④ 適用年月	⑰ 個人番号［基礎年金番号］※70歳以上被用者の場合のみ
⑤ 従前の標準報酬月額		⑥ 従前改定月	⑦ 昇(降)給	⑧ 遡及支払額	⑱ 備考
⑨ 給与支給月 / ⑩ 給与計算の基礎日数	報酬月額 ⑪ 通貨によるものの額	⑫ 現物によるものの額	⑬ 合計（⑪+⑫）	⑭ 総計（一定の基礎日数以上の月のみ） ⑮ 平均額 ⑯ 修正平均額	

1

①	②		③	④ 　年 9 月	⑰
⑤ 健　　千円	厚　　千円	⑥ 　年　月	⑦昇(降)給 　月 1. 昇給 2. 降給	⑧遡及支払額 　月　円	⑱
⑨支給月 ⑩日数 4 月　日	⑪通貨　円	⑫現物　円	⑬合計(⑪+⑫)　円	⑭総計　円	1. 70歳以上被用者算定（算定基礎月：　月　月）
5 月　日	円	円	円	⑮平均額　円	2. 二以上勤務　3. 月額変更予定 4. 途中入社　5. 病休・育休・休職等 6. 短時間労働者（特定適用事業所等）
6 月　日	円	円	円	⑯修正平均額　円	7. パート　8. 年間平均 9. その他（　　）

2

①	②		③	④ 　年 9 月	⑰
⑤ 健　　千円	厚　　千円	⑥ 　年　月	⑦昇(降)給 　月 1. 昇給 2. 降給	⑧遡及支払額 　月　円	⑱
⑨支給月 ⑩日数 4 月　日	⑪通貨　円	⑫現物　円	⑬合計(⑪+⑫)　円	⑭総計　円	1. 70歳以上被用者算定（算定基礎月：　月　月）
5 月　日	円	円	円	⑮平均額　円	2. 二以上勤務　3. 月額変更予定 4. 途中入社　5. 病休・育休・休職等 6. 短時間労働者（特定適用事業所等）
6 月　日	円	円	円	⑯修正平均額　円	7. パート　8. 年間平均 9. その他（　　）

3

①	②		③	④ 　年 9 月	⑰
⑤ 健　　千円	厚　　千円	⑥ 　年　月	⑦昇(降)給 　月 1. 昇給 2. 降給	⑧遡及支払額 　月　円	⑱
⑨支給月 ⑩日数 4 月　日	⑪通貨　円	⑫現物　円	⑬合計(⑪+⑫)　円	⑭総計　円	1. 70歳以上被用者算定（算定基礎月：　月　月）
5 月　日	円	円	円	⑮平均額　円	2. 二以上勤務　3. 月額変更予定 4. 途中入社　5. 病休・育休・休職等 6. 短時間労働者（特定適用事業所等）
6 月　日	円	円	円	⑯修正平均額　円	7. パート　8. 年間平均 9. その他（　　）

4

①	②		③	④ 　年 9 月	⑰
⑤ 健　　千円	厚　　千円	⑥ 　年　月	⑦昇(降)給 　月 1. 昇給 2. 降給	⑧遡及支払額 　月　円	⑱
⑨支給月 ⑩日数 4 月　日	⑪通貨　円	⑫現物　円	⑬合計(⑪+⑫)　円	⑭総計　円	1. 70歳以上被用者算定（算定基礎月：　月　月）
5 月　日	円	円	円	⑮平均額　円	2. 二以上勤務　3. 月額変更予定 4. 途中入社　5. 病休・育休・休職等 6. 短時間労働者（特定適用事業所等）
6 月　日	円	円	円	⑯修正平均額　円	7. パート　8. 年間平均 9. その他（　　）

5

①	②		③	④ 　年 9 月	⑰
⑤ 健　　千円	厚　　千円	⑥ 　年　月	⑦昇(降)給 　月 1. 昇給 2. 降給	⑧遡及支払額 　月　円	⑱
⑨支給月 ⑩日数 4 月　日	⑪通貨　円	⑫現物　円	⑬合計(⑪+⑫)　円	⑭総計　円	1. 70歳以上被用者算定（算定基礎月：　月　月）
5 月　日	円	円	円	⑮平均額　円	2. 二以上勤務　3. 月額変更予定 4. 途中入社　5. 病休・育休・休職等 6. 短時間労働者（特定適用事業所等）
6 月　日	円	円	円	⑯修正平均額　円	7. パート　8. 年間平均 9. その他（　　）

※　⑨支給月とは、給与の対象となった計算月ではなく実際に給与の支払いを行った月となります。

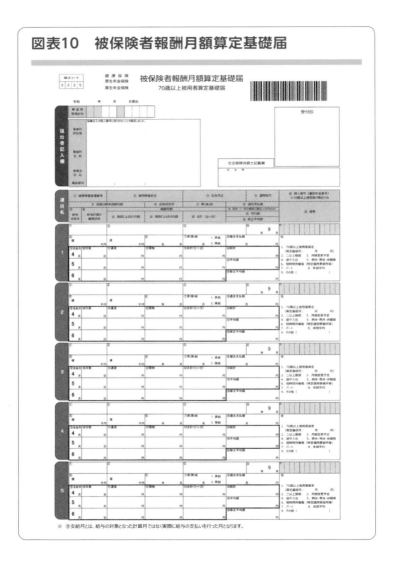

算定基礎届を作成するときは、４月、５月、６月の賃金の平均額を求めるのが基本的な流れです。税金の計算上は非課税となる通勤手当も含めて計算する必要があるので、間違えないようにしましょう。

年の途中で大幅な給与変動があった場合

標準報酬月額は定時決定によって年に１回見直されるのが基本です。

ただし、年の途中で大幅な昇級などがあった場合、臨時的に標準報酬月額を改定する必要があり、そのための手続きを「随時改定（月額変更届）」といいます。

随時改定が必要になるのは、次の３つをすべて満たした場合です。

①昇給や降給により固定的賃金に変動があった
②変動月からの３カ月間に支給された報酬の平均による標準報酬月額と、これまでの標準報酬月額との間に２等級以上の差が生じた
③３カ月とも支払基礎日数が17日以上ある

随時改定が必要になったら、すみやかに被保険者報酬月額変更届を作成し、管轄の年金事務所または事務センターに提出しなくてはいけません。この手続きが遅れると、給与計算で控除する社会保険料や、納めるべき社会保険料にズレが生じるので、後から差額の支払いなどが必要になります。年の途中で従業員の固定給を変えるときは、随時改定の手続きを確認しておきましょう。

5 労働保険の年度更新をする

従業員が1人でもいた場合は加入する必要がある

労働保険は、労災保険と雇用保険を総称したものです。役員だけの会社は労働保険の対象外ですが、従業員を1人でも雇用する場合は労働保険に加入し、保険料を支払う必要があります。

労働保険料は、毎年6月1日から7月10日の間に保険料の計算や納付の手続きを行います。この手続きが「年度更新」です。

労働保険料の年度更新の計算は少し特殊です。会社設立をした初年度は、まず概算で初年度の労働保険料を計算し納付します。計算式は「今年度支払う見込みの賃金総額×業種に応じた保険料率」です。賃金は給与だけでなく各種手当や賞与も含みます。今年度支払う見込みの賃金総額ですので、実際には年の途中で増減する可能性もありますが、いったん概算で支払うことになります。

その翌年に、概算の労働保険料と実際に確定した労働保険料の差額を精算します。確定した労働保険料は、「前年度に支払った賃金総額×業種に応じた保険料率」で計算します。保険料の不足がある場合は、追加で保険料を納付します。逆に多めに保険料を前払いしていた場合は、今年度の概算保険料の計算に加味するか、還付手続きを行うことで取り戻すことができます。

そして、改めてこれから先の1年間の概算保険料を計算し、納付します。このように、年度更新では毎年、「概算保険料を納める」「前年の概算保険料と実際の確定保険料を精算する」を繰り返していくことになります（図表11）。

図表11　労働保険概算・増加概算・確定保険料申告書

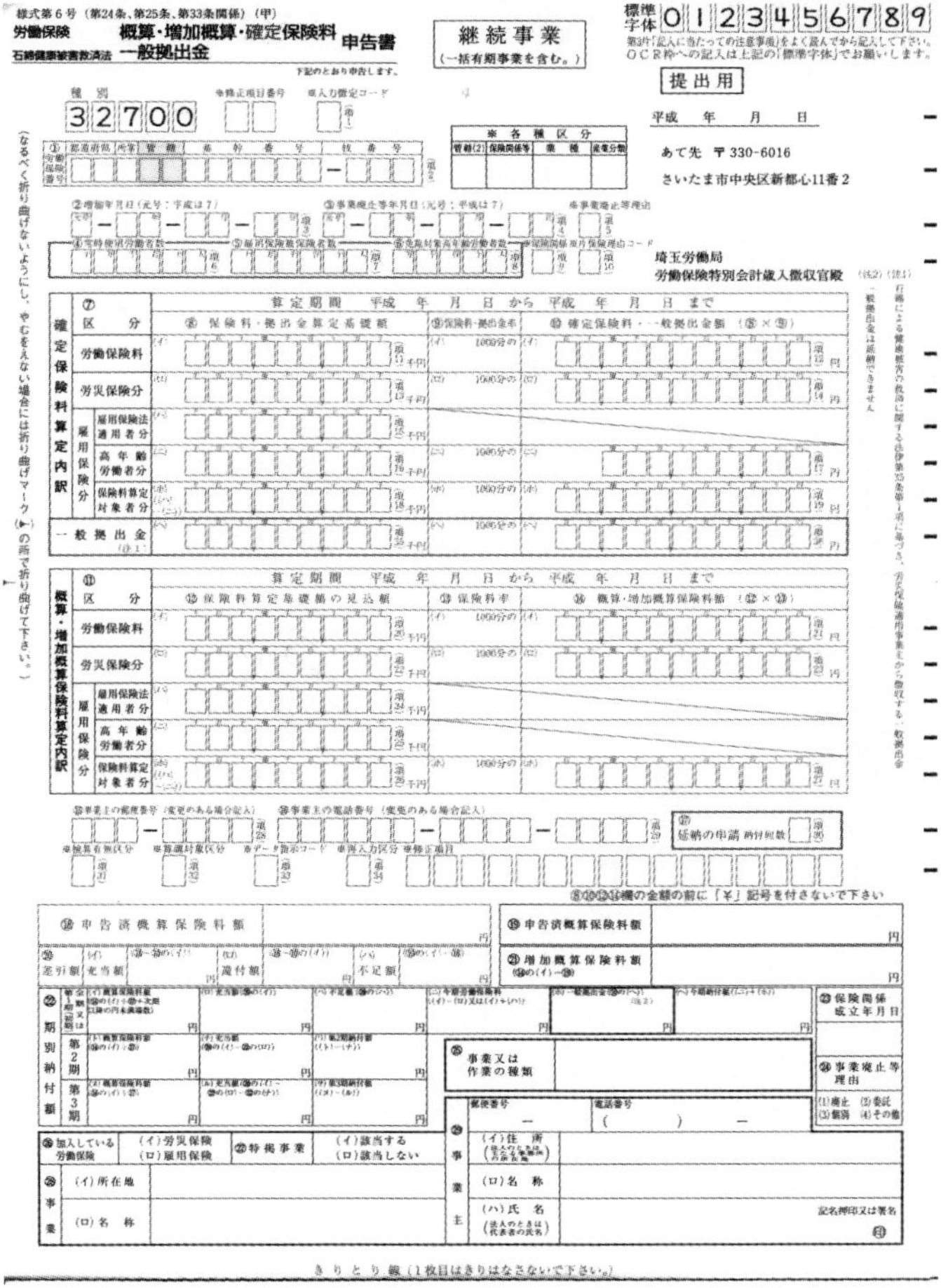

様式第6号（第24条、第25条、第33条関係）（甲）
労働保険　概算・増加概算・確定保険料　申告書
石綿健康被害救済法　一般拠出金
継続事業（一括有期事業を含む。）
標準字体 0 1 2 3 4 5 6 7 8 9
提出用
下記のとおり申告します。
種別 32700
平成　年　月　日
あて先 〒330-6016
さいたま市中央区新都心11番2
埼玉労働局
労働保険特別会計歳入徴収官殿
① 労働保険番号
⑦ 区分　確定保険料算定内訳　算定期間　平成　年　月　日から　平成　年　月　日まで
⑧ 保険料・拠出金算定基礎額　⑨ 保険料・拠出金率　⑩ 確定保険料・一般拠出金額（⑧×⑨）
労働保険料　労災保険分　雇用保険分（雇用保険法適用者分、高年齢労働者分、保険料算定対象者分）　一般拠出金
⑪ 区分　概算・増加概算保険料算定内訳　算定期間　平成　年　月　日から　平成　年　月　日まで
⑫ 保険料算定基礎額の見込額　⑬ 保険料率　⑭ 概算・増加概算保険料額（⑫×⑬）
労働保険料　労災保険分　雇用保険分（雇用保険法適用者分、高年齢労働者分、保険料算定対象者分）
⑮ 事業主の郵便番号（変更のある場合記入）　⑯ 事業主の電話番号（変更のある場合記入）
⑰ 延納の申請　納付回数
⑧⑩⑫⑭欄の金額の前に「¥」記号を付さないで下さい
⑱ 申告済概算保険料額　円
⑲ 申告済概算保険料額　円
⑳ 増加概算保険料額　円
㉑ 差引額　（イ）充当額　（ロ）還付額　（ハ）不足額
㉒ 期別納付額　第1期（初期）　第2期　第3期
㉓ 保険関係成立年月日
㉔ 事業廃止等理由　(1)廃止 (2)委託 (3)個別 (4)その他
㉕ 事業又は作業の種類
㉖ 加入している労働保険　（イ）労災保険　（ロ）雇用保険
㉗ 特掲事業　（イ）該当する　（ロ）該当しない
㉘ 事業　（イ）所在地　（ロ）名称
㉙ 事業主　（イ）住所　（ロ）名称　（ハ）氏名（法人のときは代表者の氏名）
記名押印又は署名　㊞
きりとり線（1枚目はきりはなさないで下さい。）

6 年末調整をする

年末調整の役割

給与計算の際に所得税の源泉徴収を行います。ここで控除する所得税はあくまで仮計算の金額です。そのため、会社は毎年12月頃になると、本人に代わって毎年1月1日から12月31日までの1年間の所得を計算し、本来納めるべき所得税を確定させる必要があります。そして、源泉徴収した税額に過不足があれば、精算します。そのために行う手続きが、「年末調整」です。

年末調整は、給与年収が２０００万円を超える人などの特殊な場合を除き、年末まで勤務しているすべての従業員（役員も含む）が対象になります。

年末調整の手順

年末調整は、毎年10月下旬から11月中旬頃に、以下の書類を対象者に配ることからスタートします。これらの書類は税務署から送付されますが、人事労務ソフトの年末調整機能などを使って作成することも可能です。

・給与所得者の扶養控除等（異動）申告書
・給与所得者の保険料控除申告書
・給与所得者の基礎控除申告書　兼　給与所得者の配偶者控除等申告書　兼　所得金額調整控除申告書

これらの申告書とともに、社会保険料や生命保険料、住宅ローンの年末残高証明書など、控除に関する証明書類も提出してもらいます。これらの書類は会社が保管する義務があるので、従業員ごとに整理してファイリングしておきましょう。

年末調整の申告書と添付書類が集まったら、内容をチェックし、所得税の計算を行います。従業員から源泉徴収した1年分の所得税と、年末調整により確定した所得税の金額を比べ、差額があれば次回の給料日などのタイミングで精算します。

また、ここで還付または追加徴収した税額は、会社が翌月に納める源泉所得税の納税額に反映させます。

その後、最終的な所得金額や源泉徴収税額などを記載した「給与所得の源泉徴収票」を発行して本人に交付し、年末調整の手続きが終了します。

これらの作業を行うときは、年末調整ソフトを使うと便利です。会計ソフトと連動する年末調整ソフトがあるので、ここに情報を入力すれば、税額の計算や源泉徴収票の発行などをスムーズに行うことができます。

7 法定調書を提出する

法定調書とは

年末調整が終わると従業員の1年間の給与や源泉所得税などが確定するので、その結果を法定調書として提出します。さらに、給与のほかにも法定調書の提出が必要なケースがあり、該当する支払いがあった場合は法定調書を作成しなくてはいけません。

法定調書の提出期限は1月31日です。たとえば、2023年1月〜12月分の法定調書は、2024年1月31日が提出期限になります。

〈年末調整後に提出する法定調書・合計表〉

①給与所得の源泉徴収票……給与を支払ったすべての人に交付。そのうち、給与支払額が150万円を超える役員や、給与支払額が500万円を超える従業員については、税務署にも提出。

②退職所得の源泉徴収票……退職給与を支払ったすべての人に交付。そのうち、役員に支払った場合は、税務署と市区町村にも提出。

③報酬、料金、契約金及び賞金の支払調書……ライターや税理士などに報酬を支払った場合、支払った側が作成し、本人に交付して税務署にも提出。

④不動産の使用料等の支払調書合計表……オフィスなどの賃料を支払った場合などに税務署に提出。

⑤給与所得の源泉徴収票等の法定調書合計表……上記のデータを「法定調書合計表」にまとめて税務署に提出（図表12）。

図表12　給与所得の源泉徴収票等の法定調書合計表

FE0104

令和□□年分 給与所得の源泉徴収票等の法定調書合計表

（所得税法施行規則別表第5（8）、5（24）、5（25）、5（26）、6（1）及び6（2）関係）

【提出用】

【平成28年1月1日以後提出用】

税務署受付印	令和　年　月　日提出　税務署長　殿	事業種目	署番号 / 整理番号
提出者	住所又は所在地　電話（　－　－　）	調書の提出区分　新規=1 追加=2 訂正=3 無効=4	提出媒体　1 給与　2 退職　3 報酬　4 使用　5 譲受　6 斡旋
	（フリガナ）氏名又は名称	（フリガナ）作成担当者	本店等一括提出　有 ○ / 翌年以降送付　否 ○
	個人番号又は法人番号(注)　↓個人番号の記載に当たっては、左端を空欄にし、ここから記載してください。		
	（フリガナ）代表者氏名	作成税理士署名　電話（　－　－　）	税理士番号

1　給与所得の源泉徴収票合計表（375）

区分	人員	左のうち、源泉徴収税額のない者	支払金額	源泉徴収税額
Ⓐ俸給、給与、賞与等の総額	人	人	円	円
Ⓐのうち、丙欄適用の日雇労務者の賃金			円	円
Ⓑ源泉徴収票を提出するもの	人		円	円
災害減免法により徴収猶予したもの	人員　人	猶予税額　円	（摘要）	

2　退職所得の源泉徴収票合計表（316）

区分	人員	支払金額	源泉徴収税額	（摘要）
Ⓐ退職手当等の総額	人	円	円	
ⒷⒶのうち、源泉徴収票を提出するもの	人	円	円	

3　報酬、料金、契約金及び賞金の支払調書合計表（309）

区分		人員（個人）	人員（個人以外）	支払金額	源泉徴収税額
所得税法第204条に規定する報酬又は料金等	原稿料、講演料等の報酬又は料金（1号該当）	人	人	円	円
	弁護士、税理士等の報酬又は料金（2号該当）	人	人	円	円
	診療報酬（3号該当）	人	人	円	円
	職業野球選手、騎手、外交員等の報酬又は料金（4号該当）	人	人	円	円
	芸能等に係る出演、演出等の報酬又は料金（5号該当）	人	人	円	円
	ホステス等の報酬又は料金（6号該当）	人	人	円	円
	契約金（7号該当）	人	人	円	円
	賞金（8号該当）	人	人	円	円
Ⓐ計		実　人	実　人	円	円
ⒷⒶのうち、支払調書を提出するもの		人	人	円	円

区分	件数	支払金額	源泉徴収税額	（摘要）
Ⓐのうち、所得税法第174条第10号に規定する内国法人に対する賞金	件	円	円	
災害減免法により徴収猶予したもの	人員　人	猶予税額　円		

4　不動産の使用料等の支払調書合計表（313）

区分	人員	支払金額
Ⓐ使用料等の総額	人	円
ⒷⒶのうち、支払調書を提出するもの	人	円
（摘要）		

6　不動産等の売買又は貸付けのあっせん手数料の支払調書合計表（314）

区分	人員	支払金額
Ⓐあっせん手数料の総額	人	円
ⒷⒶのうち、支払調書を提出するもの	人	円
（摘要）		

5　不動産等の譲受けの対価の支払調書合計表（376）

区分	人員	支払金額
Ⓐ譲受けの対価の総額	人	円
ⒷⒶのうち、支払調書を提出するもの	人	円
（摘要）		

税務署整理欄	通信日付印	確認	提出年月日	身元確認
			区分　A B C D E F G H	

○提出媒体欄には、法定調書の種類別にコードを記載してください。（電子=14　FD=15　MO=16　CD=17　DVD=18　書面=30　その他=99）

(注) 平成27年分以前の合計表を作成する場合には、「個人番号又は法人番号」欄に何も記載しないでください。

8 給与支払報告書を提出する

給与に関しては、税務署に法定調書として報告するだけでなく、各人の住む市区町村に1月31日までに「給与支払報告書」(図表13)を提出しなくてはいけません。

給与支払報告書は、会社全体の情報を書く「総括表」と、従業員1人ひとりの「個人別明細書」で構成されています。個人別明細書には源泉徴収票とほぼ同じ内容が記載され、これを市区町村ごとにまとめ、総括表で提出枚数などを集計します。

気をつけたいのは、年の途中で退職をして年末調整をしなかった従業員についても、給与支払報告書の提出が必要になることです。退職日までに支払った給与や源泉所得税額、退職年月日などを記載し、市区町村に提出してください。

図表13　給与支払報告書（個人別明細書）

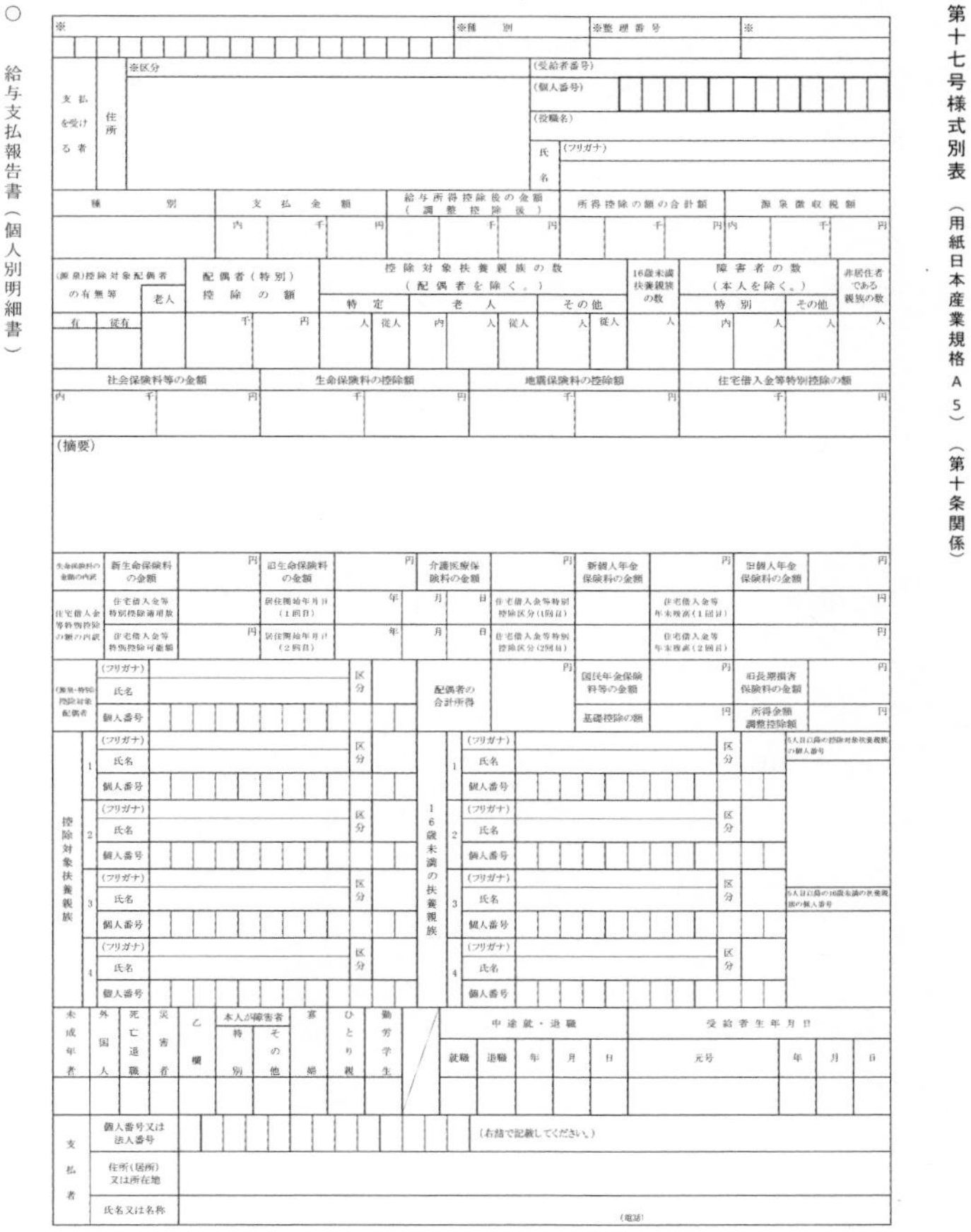

○ 給与支払報告書（個人別明細書）

第十七号様式別表（用紙日本産業規格Ａ５）（第十条関係）

※	※種別	※整理番号	※

支払を受ける者　住所　※区分　（受給者番号）　（個人番号）　（役職名）　氏名（フリガナ）

種別	支払金額	給与所得控除後の金額（調整控除後）	所得控除の額の合計額	源泉徴収税額
	内　千　円	千　円	千　円	内　千　円

(源泉)控除対象配偶者の有無等			配偶者（特別）控除の額	控除対象扶養親族の数（配偶者を除く。）						16歳未満扶養親族の数	障害者の数（本人を除く。）			非居住者である親族の数
		老人		特定		老人		その他			特別		その他	
有	従有		千　円	人	従人	内　人	従人	人	従人	人	内	人	人	人

社会保険料等の金額	生命保険料の控除額	地震保険料の控除額	住宅借入金等特別控除の額
内　千　円	千　円	千　円	千　円

（摘要）

生命保険料の金額の内訳	新生命保険料の金額	円	旧生命保険料の金額	円	介護医療保険料の金額	円	新個人年金保険料の金額	円	旧個人年金保険料の金額	円

住宅借入金等特別控除の額の内訳								
住宅借入金等特別控除適用数		居住開始年月日（1回目）	年	月	日	住宅借入金等特別控除区分（1回目）	住宅借入金等年末残高（1回目）	円
住宅借入金等特別控除可能額	円	居住開始年月日（2回目）	年	月	日	住宅借入金等特別控除区分（2回目）	住宅借入金等年末残高（2回目）	円

(源泉・特別)控除対象配偶者　（フリガナ）　氏名　個人番号　区分　配偶者の合計所得　円　国民年金保険料等の金額　円　旧長期損害保険料の金額　円　基礎控除の額　円　所得金額調整控除額　円

控除対象扶養親族　1〜4　（フリガナ）　氏名　個人番号　区分

16歳未満の扶養親族　1〜4　（フリガナ）　氏名　個人番号　区分

5人目以降の控除対象扶養親族の個人番号

5人目以降の16歳未満の扶養親族の個人番号

未成年者	外国人	死亡退職	災害者	乙欄	本人が障害者 特別	本人が障害者 その他	寡婦	ひとり親	勤労学生	中途就・退職 就職	退職	年	月	日	受給者生年月日 元号	年	月	日

支払者	
個人番号又は法人番号	（右詰で記載してください。）
住所（居所）又は所在地	
氏名又は名称	（電話）

9

償却資産の申告をする

対象となる資産とそうでない資産がある

法定調書や給与支払報告書と同じく、毎年1月31日に期限が来るのが、償却資産の申告です。償却資産とは、事業用資産（土地および家屋を除く）で、その減価償却額または減価償却費が法人税法の損金に算入されるものを指します（図表14）。

たとえば、1月1日時点でパソコンやコピー機などの償却資産を所有している場合、償却資産の申告が必要となります。一方、自動車税の課税対象となるべき車両や、20万円未満で購入し3年間の一括償却を選択した固定資産など、対象外となるケースもあります。

償却資産の申告書は市区町村から送られてくるので、これに償却資産の内容（取得年月、取得価額、耐用年数等）を記載し、資産の種類ごとに合計の取得価額を計算します。

申告書を作成したら、1月31日までに市区町村に申告します。5月～6月頃に納付書が届きますので、通常4回の納期に分けて納付します。なお、固定資産税（償却資産）の計算の基礎となる課税標準額が150万円未満の場合は課税されませんが、償却資産の申告自体は必要なので、忘れずに提出しておきましょう。

図表14　償却資産の種類と具体例

資産の種類		主な償却資産の例示
構築物	構築物	舗装路面、庭園、門･塀･緑化施設等の外構工事、看板（広告塔等）、ゴルフ練習場設備等
	建物付属設備	受変電設備、予備電源設備、その他建築設備、内装･内部造作等
機械及び装置		各種製造設備等の機械及び装置、クレーン等建設機械、機械式駐車設備（ターンテーブルを含む）等
船舶		ボート、釣舟、漁船、遊覧船等
航空機		飛行機、ヘリコプター、グライダー等
車両及び運搬具		大型特殊自動車等
工具、器具及び備品		パソコン、陳列ケース、看板（ネオンサイン等）、医療機器、測定工具、金型、理容及び美容機器、衝立、ルームエアコン、応接セット、レジスター、自動販売機等

第3章

会社をつくったら、やらなくてはならない
お金のこと　その2　会計処理

1

日々の取引を記録する

勘定科目の選び方

会社がビジネスをスタートさせると、日々さまざまな取引が発生し、お金の動きが増えていきます。そうした状況を漏らさず記帳（会計ソフトに入力）しておかないと、決算や税務申告を行うことができません。

記帳するときのポイントは、適切な勘定科目を選択することにあります。「オフィスの賃料として支払ったのなら地代家賃」「取引先に贈答品を渡したなら交際費」といったように、正しく記録をつける必要があります。また、第2章で説明した実現主義や発生主義の考え方を理解し、売上や費用などの計上日も間違えないようにしましょう。

勘定科目や取引日などを正しく入力するには、普段の収入や支出がどのような理由で行われたものかを確認しなくてはいけません。通帳だけでなく、請求書や領収書、レシートなどの関連する書類を残しておく必要があります。そうした書類に基づき、最も適切と考えられる勘定科目を選びます（図表15）。

記帳を間違えると余分な税金が発生

勘定科目や計上日、金額などの記帳を間違えると、税金の計算に影響します。たとえば、土地の賃料を入力するとき、正しく「地代家賃」と入力すれば費用になりますが、「土地」という勘定科目を選ぶと固定資産として計上されるため、費用になりません。すると、税務申告を行うときに所得金額が大きくなり、余分な税金を支払うことになってしまいます。

逆に、認められる以上に多くの費用を計上してしまう可能性もあります。たとえば、青色申告の事業者であれば30万円以上の固定資産を購入したときは減価償却の計算を行い、数年に分けて費用にするのが原則です。にもかかわらず、固定資産の購入費用を一括で費用計上してしまうと、申告誤りになってしまいます。

【純資産】に分類される勘定科目		
株主資本	資本金	出資を受けた金額で、会社の元手になる返済義務がないもの
	繰越利益剰余金	過年度から累積された税引後当期純利益の合計額
【収益】に分類される勘定科目		
売上高	売上高	本業で得た売上の金額
営業外収益	受取利息	預金や貸付金など
	雑収入	助成金や給付金など本業以外の収入
【費用】に分類される勘定科目		
売上原価	仕入	販売目的で購入した商品代金
	外注費	外部の法人や個人に業務を委託した費用
販売費及び一般管理費	役員報酬	役員に支払う報酬
	給料	従業員に支払う給料
	法定福利費	社会保険や労働保険料で会社が負担するもの
	地代家賃	事務所等の賃料
	租税公課	収入印紙や固定資産税、自動車税など
	広告宣伝費	自社の製品やサービスを宣伝する費用
	交際費	接待やゴルフ、贈答品などの費用
	消耗品費	文房具や消耗品の購入費用
	水道光熱費	電気、水道、ガス代等
	通信費	電話代、インターネット利用費、郵便切手、ゆうぱっく等
営業外費用	支払利息	借入金の利息等

図表15　主要な勘定科目一覧表

【資産】に分類される勘定科目		
流動資産	現金	手元にある現金のこと。金庫やレジなどの合計額
	普通預金	法人の普通預金口座の残高
	受取手形	売上代金を手形として受け取ったもの
	売掛金	売上代金のうち、後日入金してもらうもの
	商品	販売目的の在庫の金額
	仮払金	支払いが行われたが、内容が不明のもの
	前払費用	支払いが行われたが、まだサービスの提供を受けていないもの
固定資産	建物	店舗や工場、本社など建物の金額
	機械装置	工場の製造設備など、多くの部品が組み合わさったもの
	器具備品	一定金額以上のパソコンや応接セットなど
	車両運搬具	社用車やトラックなど
	ソフトウェア	一定金額以上のソフトウェア
繰延資産	創立費	法人を設立するために支出した費用
	開業費	法人設立後に開業準備のためにかかった費用

【負債】に分類される勘定科目		
流動負債	支払手形	仕入代金等の支払いとして発行された手形
	買掛金	仕入代金などで、後日支払いをするもの
	未払消費税	納税が確定した消費税の金額
	未払法人税等	納税が確定した法人税、法人住民税、法人事業税の金額
	短期借入金	1年以内に返済期日が到来する借入金
	未払費用	計上された費用で支払いが後日に行われるもの
固定負債	長期借入金	1年以上先に返済期日が到来する借入金

また、領収書やレシートを見ながら会計ソフトに入力するときは、入力間違いに注意しましょう。経費の金額を1桁間違えたり、日付を間違えたりすると、税金の計算が大きく変わってしまいます。

現在は、会計ソフトの画像認識機能により、スキャナーで読み込んだ画像から日付や金額、勘定科目などを識別してもらうことが可能になっているので、そのような入力方法を検討してもいいでしょう。

2 電子帳簿保存法

法改正で領収書などの電子保存が手軽に

領収書などの帳簿書類を紙ではなく電子データで行うのが、「電子帳簿保存」です。従来、電子帳簿保存を行うには、事前に税務署長から承認を受け、特別な機能を備えたシステムを利用しなくてはいけませんでした。しかし、２０２２年1月に「電子帳簿保存法」が改正され、事前承認制度が撤廃されるなどした結果、電子帳簿保存を利用しやすくなっています。

電子帳簿保存を利用すれば、紙の帳簿書類を保管するスペースを削減することができ、プリントアウトの手間が省けるので仕事の効率化にも役立ちます。紙で受け取った請求書や契約書、領収書などをスキャナーで電子データにして適切に保存しておけば、紙の原本を廃棄しても構いません。

紙での保存が認められない書類がある

電子帳簿保存法の改正を受けて、最初から紙を一切使わない電子取引については、原則として紙に出力して保存することを認めるルールが廃止され、２０２４年1月以降はデータで保存することが義務づけられました。たとえば、次のようなものが該当します。

・取引先からメールで受け取った請求書や領収書
・インターネットのホームページからダウンロードした請求書等のデータ
・アマゾンなどのＥＣサイトの領収書

これまでは、こうした電子データはプリントアウトして紙で保存するルールになっており、プリントアウトした帳簿書類を保管しておけば元のデータを消してしまっても問題ありませんでした。

ところが、電子帳簿保存法の改正によって、プリントアウトしたからといってデータを廃棄してしまうと、保存義務を破ってしまうことになります。たとえば、インターネットでホテルや飛行機などの予約をしたような場合、その領収書のデータは電子データで保存する必要があります（図表16）。

図表16　電子帳簿保存法上の区分イメージ

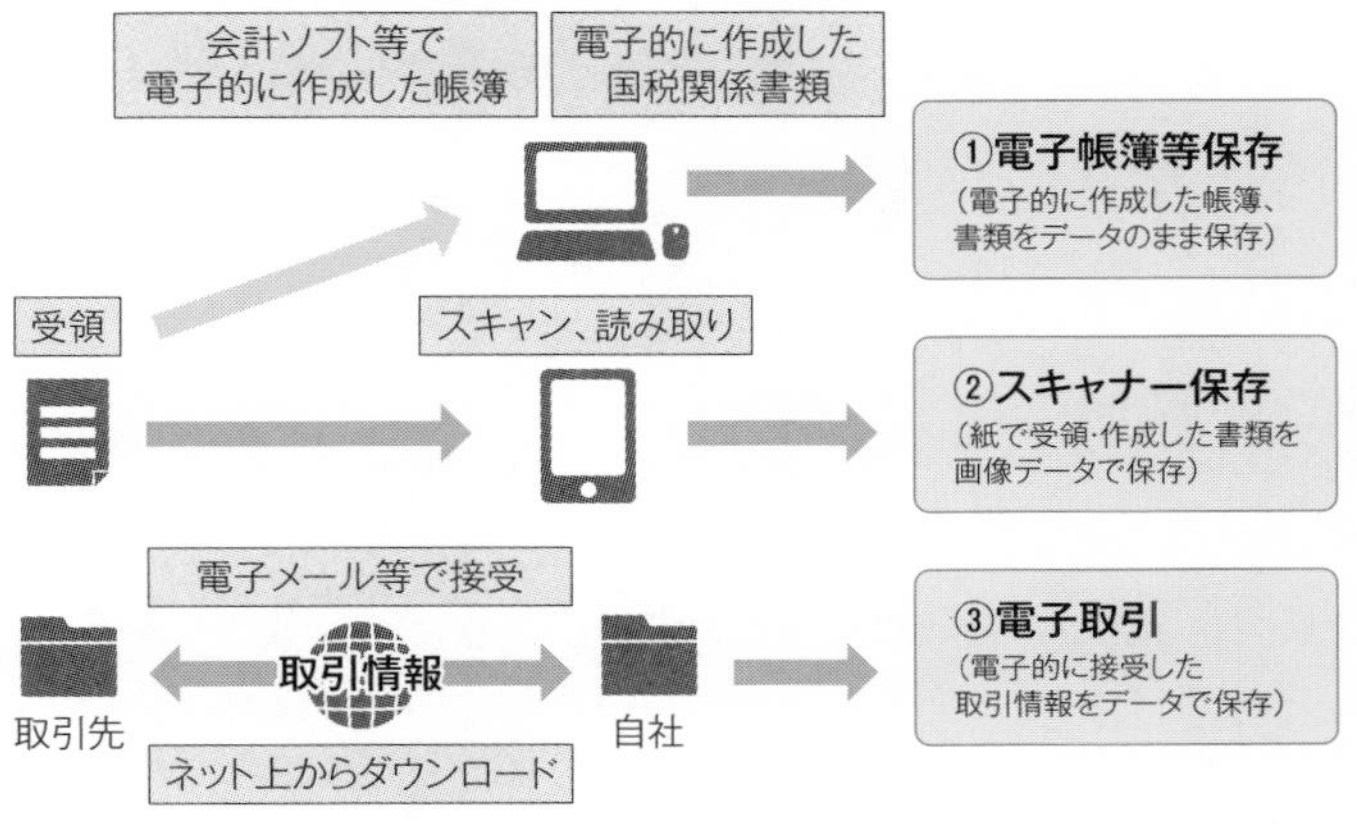
会計ソフト等で
電子的に作成した帳簿
電子的に作成した
国税関係書類
①電子帳簿等保存
（電子的に作成した帳簿、
書類をデータのまま保存）
受領
スキャン、読み取り
②スキャナー保存
（紙で受領·作成した書類を
画像データで保存）
電子メール等で接受
取引情報
取引先
自社
ネット上からダウンロード
③電子取引
（電子的に接受した
取引情報をデータで保存）

3

経費の判定方法

事業との関連性が問われる

会社がお金を支払ったとしても、すべてが経費になるわけではありません。そのため、経費としてどのような支払いが認められるかを理解しておく必要があります。

経費として認められるには、まず「事業関連性があるか」という点が問われます。たとえば、従業員の給料や福利厚生費、仕入代など、事業を運営するために必要な支払いであれば、経費になります。

また、パソコンを会社のお金で買ったとして、これが販売目的や会社の備品であれば経費です。しかし、そのパソコンが社長のプライベート用のものであれば話は変わります。

会社の経費にできるものは、あくまでも事業のためである必要があるのです。

常識的な範囲で支払う

支払う金額についても注意が必要です。

支払う名目としては経費になるものであっても、あまりに高額な支払いを行うと、「社会通念上妥当ではない」と判断され、経費にできなくなります。その代表的なものが、あまりに豪華な社内旅行を実施するようなケースです。

また、1年間で支払う経費の総額が急に増えると、税務調査を誘発するという点にも注意しましょう。税務署はＫＳＫ（国税総合管理）システムを使い、同業他社に比べて明らかに経費が多い会社をピックアップしています。そこで浮かび上がった会社は税務調査が入り、経費を否認されるおそれがあるのです。

4

経費の証拠を残す

領収書ではなくレシートでもいい

経費を支払ったときは、領収書やレシートなどの証拠を必ず残しておきましょう。

時々、「必ず領収書でなければいけない」と考える人がいますが、レシートでもまったく問題ありません。「必要な情報が多く記載されていて、偽造しにくい」という意味では、手書きの領収書よりもレシートのほうがよいと言えます。

領収書であれ、レシートであれ、目的は経費として正当な支払いであることを示すことにあります。そうした観点で経費の証拠を残し、不足する情報があればメモなどを残しておくといいでしょう。また、領収書やレシートがもらえなかったときも、会計ソフトで出金伝票を作成するなどして記録を残すことで、対処が可能です。

ちなみに、2023年10月からインボイス制度（213ページ参照）が始まるため、消費税の課税事業者の場合は注意が必要です。2024年1月以降は消費税を計算する際に、売上にかかる消費税額から差し引く仕入税額控除として認められるには、次の情報が書かれた請求書や領収書などが求められます。

①インボイス発行事業者の氏名または名称
②取引年月日
③取引内容
④取引金額
⑤書類の交付を受ける事業者の氏名または名称
⑥消費税の適用税率
⑦税率ごとに区分した消費税額等
⑧インボイス発行事業者の登録番号

たとえば、クレジットカードの利用明細には上記の内容が書かれていないため、インボイスの要件を満たした請求書や領収書などを併せて保存する必要がありますので、ご注意ください。

税務調査で怪しまれるケース

領収書は税務調査でチェックされやすいものの1つです。もしも税務調査で経費の意図的な水増しが発覚すれば、「重加算税」という最も重いペナルティが科されます。参考までに、とくに税務署から「怪しい」と思われやすい領収書のパターンを挙げておきます。

〈品目に「品代」としか書かれていない〉

何を買ったかわからなければ、業務との関連性を示すことができません。できるだけ具体的に、買ったものを領収書に書いてもらいましょう。

〈同じ筆跡の領収書〉

数字の癖などが似た筆跡の領収書が複数あると、自分で金額を書き入れたのではないかと疑われます。金額については必ずお店側に記載してもらってください。

〈大人数の支払いがまとまった領収書〉

実際は割り勘で払ったにもかかわらず、全員分の支払いが1枚の領収書にまとまっているからといって、全額を経費にすることはできません。実際に支払った金額を領収書にメモし、その金額のみを経費として計上しましょう。

〈スーパーの領収書〉

生活で利用するお店の領収書があまりに多いと、「プライベートの買い物が経費計上されているのではないか」と疑われる可能性が高いです。プライベートと業務用の領収書を分けて保管して、業務用のみを経費計上するなど、きっちり分けるように意識しましょう。

〈正月やGW、夏休み等に観光地で使った領収書〉

正月やGWなどに観光地で使ったホテル代や飲食代のレシートは、プライベートのものではないかと疑われやすいです。業務として使っている場合は、あらぬ疑いをかけられないためにもレシートにメモ書きなどで仕事内容を記載しておきましょう。

5 交際費の考え方

交際費とは

経費の中でも、とくに細かいルールが多いのが交際費です。

交際費を簡単に説明すると、「得意先などを接待する費用」ということです。同じ飲食代でも、社内の会議や親睦目的であれば交際費にはなりません。この場合、社内会議は会議費として、親睦目的なら福利厚生費として、交際費とは別に計上する必要があります。

そのほか、贈答品やご祝儀なども交際費になります。

交際費の上限ルール

法人の場合、交際費を経費にできる上限が定められており、上限を超えると実際に支払っていても経費にすることはできません。

〈交際費の上限金額（資本金1億円以下の場合）〉

次のいずれか多い金額が上限となります。

①交際費等のうち、飲食その他これに類する行為のために要する費用の50％相当額
②交際費等のうち、年間８００万円までの金額（その事業年度が1年未満の場合は月割）

交際費にはこのような上限があるので、支出を年間８００万円以内に収めることを意識する必要がありますが、飲食代については、金額によっては交際費に該当しないケースがあります。外部との飲食代で１人当たり５０００円以下であれば、その全額を会議費とし

て経費にできます。

ただし、この取り扱いを認めてもらうには、以下の事項を記載した領収書などを保存しておく必要があります。参加者の氏名など、領収書だけで情報が不足するものについては、余白に手書きでいいので残しておきましょう。

・飲食をした年月日
・参加した人の氏名（名称）と関係性
・参加人数
・費用
・飲食店等の名称と所在地
・飲食代であることを明記

6 創立費・開業費の考え方

会社設立前の費用も使える

会社の設立までにかかった費用は、「創立費」として経費になります。通常、創立費を支払う時点では会社の銀行口座が開設できず、社長個人の資金で支払われているはずですが、社長が立て替えたと考えて会社の経費にしても差し支えありません。

また、会社を設立した後、営業を開始するまでの期間に支払った特別な費用は「開業費」という取り扱いになります。たとえば、店舗をオープンするまでにかかった研修費用などが該当します。

会計上、創立費と開業費は「繰延資産」という扱いになります。繰延資産は任意償却という処理を行うことで法人の経費にできますから、領収書などをきちんと保管し、会計ソフトに入力しておきましょう。

〈創立費の例〉

・定款作成にかかる収入印紙代・謄本交付手数料
・司法書士などへの報酬
・登録免許税
・会社の実印、銀行印、角印
・会社設立のためにミーティングをした場合の場所代や交通費

〈開業費の例〉

・スタッフの研修費用
・関係先の挨拶などにかかった費用
・ポスターやホームページ作成などにかかった費用
・市場調査費用

・印鑑や名刺、文房具などの費用
・会議や打ち合わせにかかった場所代や飲食代

繰延資産の経費算入は時期を選べる

創立費や開業費は、支払った時点では経費ではなく「繰延資産」として記帳します。そのうえで、「任意償却」という処理を行い、好きなタイミングで経費にできます。

たとえば、創立費と開業費を合わせて100万円支払ったとして、この100万円は支払った年の経費ではなく、翌年以降の経費にしても構いません。経費にするタイミングについて税法上の期限はありませんから、使い切るまでは自由に経費に算入できる金額を決定できます。ただし、銀行融資の目線では創立費や開業費がずっと決算書に残っていると印象がよくありません。通常は3年程度で償却をすることが多いです。

7 給与と外注費の違い

業務の実態で判断

仕事の報酬として会社から個人に金銭を支払う場合、給与と外注費のどちらに該当するのかを判断する必要があります。この判断を間違えると、給与から天引きして納める税金や社会保険料、外注費の消費税などの計算をやり直さなくてはなりません。

給与は、会社で働く従業員などが、労働の対価として事業主から支払われる金銭を意味します。一方、外注費は会社の業務の一部を外部の業者に委託した場合に支払う金銭のことです。

このように給与と外注費の定義の違いを覚えていても、実務では迷う場面が少なくないでしょう。そのようなときは、次の5つのポイントで判断してください。

①契約内容

給与は雇用契約に基づき支払われ、外注費は請負契約に基づき支払われます。

②業務の実態

不可抗力で期日までにサービスが完了しなかったり納品できなかったりした場合でも、労働の対価としてお金がもらえるのであれば給与、請求ができないのであれば外注費になります。

③指揮監督命令の有無

業務を行う人が、自ら業務の進行や手順を自由に決められるのであれば、外注費です。一方、勤務先の指揮監督命令を受けて仕事をする人に対する支払いは、給与になります。

④請求書の有無

給与は会社が計算して従業員に支払いますが、外注費は請求書を受けて支払います。そのため、請求書が発行されておらず、勤務時間などに応じて発注元が支払額を計算している場合、給与とみなされる可能性があります。

⑤材料などが提供されているか

給与の場合は会社が業務に必要な仕事道具や材料などを支給しますが、外注の場合は外注先が自ら準備をします。

支払い業務に差が出る

給与と外注費の違いは、支払い業務や税金の計算に影響します。

給与の場合、前述のとおり所得税や住民税、社会保険料を控除したうえで従業員に支払います。その後、社会保険料であれば控除した金銭に事業主負担分を足して日本年金機構に納める必要があります。

一方、外注費の場合、こうした天引きは原則として必要ありません（ただし、特定の報酬や料金については所得税の源泉徴収が必要です）。

また、消費税の支払いにおいても違いがあります。給与を支払うときは消費税の計算は必要ありませんが、外注費の場合は支払うときに消費税がかかります。

このような違いがあるので、給与と外注費の判断は慎重に行わなくてはいけません。もし、外注費として処理していたものが税務調査で給与と判断されると、所得税の源泉徴収などが漏れていたことになり、追加納税が必要になります。消費税についても、外注費にかかる消費税として税額控除していた部分が否認され追徴課税されます。

〈源泉徴収が必要な外注費〉

・原稿料や講演料など
・弁護士、公認会計士、税理士など士業に支払う報酬
・プロのスポーツ選手、モデルや外交員などに支払う報酬
・芸能人などに支払う報酬
・コンパニオンやホステスなどに支払う報酬
・広告宣伝のための賞金など

8 福利厚生費（健康診断代、社員旅行代）

費用にするには全従業員を対象にする

健康診断代や社員旅行代のような支払いは、一見すると経費にはならないと思われるかもしれません。しかし、こうした費用は一定のルールを守ることで「福利厚生費」として経費に計上することができます。

福利厚生費を判断するときにポイントになるのが、「全従業員を対象にしているのか」という点です。健康診断を受けられるのが全従業員であれば福利厚生費になりますが、役員だけなど特定の人しか受けられないのであれば、福利厚生費ではなく「給与」という扱いになります。

健康診断代が給与扱いになっても会社の経費にはなりますが、源泉徴収が必要となるので、源泉所得税を計算したり納税をしたりする手間が増えます。また、健康診断を受けた人の個人所得になるので、個人の税負担が増えるデメリットも生じます。

とくに気をつけたいのは、社長などの役員だけが健康診断などを利用すると、「役員賞与」という扱いになるという点です。役員賞与は会社の経費として認められず、しかも個人の所得として加算されるので、税金や社会保険料が増えてしまいます。

こうした問題を防ぐには、就業規則に福利厚生に関する規定を明記し、全従業員が受けられる形を整えておく必要があります。

そのうえで、希望する従業員がいたら会社として健康診断などの手配を行うといいでしょう。

また、たとえ全従業員を対象にしていたとしても、あまりに高額な費用を会社が負担した場合、「社会通念上妥当ではない」と判断され、税務署から経費を否認されるおそれがあるので、ほどほどにしておきましょう。

社員旅行は4泊5日以内で

社員旅行にかかる費用は福利厚生費になりますが、細かいルールが設けられています。特定の人だけが参加できる社員旅行を実施すると、福利厚生費ではなく給与扱いになり、役員賞与と判断されれば一切経費に入れられなくなります。また、高額な旅行代も否認される可能性があるので、1人10万円程度を目安にするといいでしょう。

さらに、社員旅行特有のルールとして、次の2つのことを守らなくてはいけません。

①旅行の期間が4泊5日以内であること
②旅行の参加人数が社員全体の50%以上であること

こうした基本的なルールを守りつつ、プライベート目的の旅行ではなく、社員旅行であると示す情報を残しておくようにしましょう。旅行にともなう領収書はもちろん、日程表や社員の集合写真なども、証拠として有効です。

役員だけの会社で福利厚生費は認められるのか？

従業員を雇用しない役員だけの会社の場合、健康診断代や社員旅行代を福利厚生費として費用にすることができるのでしょうか？　これは、税理士によって見解が異なり解釈が分かれますが、基本的には「難しい」と言えるでしょう。

もともと福利厚生費は、「従業員の福利厚生のための費用」という考え方があります。役員の福利厚生費を認めてしまうと、役員の判断で際限なく費用化することにつながり、事業との関連性を明確に区分することが難しくなります。

税務調査でも論点になることが多い項目ですが、経費と認めない判断を行う調査官が多いように思います。

9 車を買ったとき

減価償却には2つの考え方がある

業務で使用する車を買ったとき、購入金額をいきなりすべて経費にすることはできません。車など30万円以上（白色申告の場合は10万円以上）の固定資産を買ったときは「複数年に分けて経費にする」というルールがあるからです。これを「減価償却」といいます。

一方、ガソリン代や車検代、税金、駐車場代などの車に関連する費用は、支払った都度経費にすることができます。

減価償却の計算を行うにあたり、まずチェックすべきなのが「耐用年数」です。国税庁は固定資産の種類や用途によって耐用年数を決めており、これによって減価償却の計算を行います（図表17）。

たとえば、新車で普通車を購入した場合、耐用年数は6年ですから、購入費を6年（72カ月）に分割して経費にすることになります（中古で購入した場合の取り扱いについては第4章で説明します）。

そして、減価償却には「定率法」と「定額法」という2つの計算方法があります。定率法は初年度に計上できる費用が最も高く、年々減少していきます。定額法は耐用年数にわたって均等に費用化する形になっています。

法人の場合、原則として建物など以外は定率法で減価償却費を計算します。定額法で減価償却する場合は、「減価償却資産の

図表17　耐用年数の例（車両・運搬具）

構造・用途	細目	耐用年数
一般用のもの（特殊自動車・次の運送事業用等以外のもの）	・自動車（2輪・3輪自動車を除く）	
	小型車（総排気量が0.66リットル以下のもの）	4
	貨物自動車	
	ダンプ式のもの	4
	その他のもの	5
	報道通信用のもの	5
	その他のもの	6
	・2輪・3輪自動車	3
	・自転車	2
	・リヤカー	4
運送事業用・貸自動車業用・自動車教習所用のもの	・自動車（2輪・3輪自動車を含み、乗合自動車を除く）	
	小型車（貨物自動車にあっては積載量が2トン以下、その他のものにあっては総排気量が2リットル以下のもの）	3
	大型乗用車（総排気量が3リットル以上のもの）	5
	その他のもの	4
	・乗合自動車	5
	・自転車、リヤカー	2
	・被けん引車その他のもの	4

償却方法の届出書」を提出する必要があります。たとえば、３００万円の普通車を新車で買った場合、定率法と定額法で、それぞれ図表18のように費用化します。

図表18　定率法と定額法

※取得価額300万円、耐用年数6年の場合

年　数	定率法	定額法
1年	999,000円	501,000円
2年	666,633円	501,000円
3年	444,444円	501,000円
4年	297,334円	501,000円
5年	297,334円	501,000円
6年	295,554円	494,999円

10 スマホやパソコンを買ったとき

購入費用が30万円以上の場合、減価償却の対象となる

スマホやパソコンの購入費用についても、事業に使っているのであれば経費になります。ただし、これらの機器の購入費用が30万円（白色申告の場合は10万円）以上の場合は減価償却の計算が必要になります。パソコンの耐用年数は４年なので、４年間に分けて経費を計上するのが基本です。

なお、30万円未満の固定資産を購入した場合は減価償却の特例措置があるので、これを使うか検討しておきましょう。これらの特例を使うことで、本来の減価償却よりも早く費用化することができます（図表19）。

〈一括償却資産〉

取得価額が10万円以上20万円未満の固定資産は「一括償却資産」として、取得価額の３分の１ずつを３年間にわたって均等償却することが認められています。たとえば18万円の固定資産を買った場合は、毎年６万円の減価償却費を３年間にわたり計上するということです。

〈少額減価償却資産〉

青色申告書を提出する中小企業者等（※）であれば30万円未満の固定資産の一括償却が認められています（図表19）。ただし、１年間で３００万円が限度になる点に注意しましょう。

図表19　取得価額に応じて償却方法が違う

取得価額	10万円未満	10万円以上 20万円未満	20万円以上 30万円未満	30万円以上
一般の減価償却資産	○	○	○	○
一括償却資産	○	○	×	×
少額減価償却資産	○	○	○	×
全額経費計上	○	×	×	×

※資本金の額または出資金の額が1億円以下、かつ常時使用する従業員の数が５００人以下の法人（２０２０年３月31日までの取得については１０００人以下）

スマホやパソコンを購入すると、購入費用だけでなく通信量やインターネットサービスの利用料を支払うことになります。このような費用は通信費として費用に計上することができます。

ただし、業務とプライベートを兼ねて使用しているときは、業務に使った分を計算して経費にする必要があります。たとえば、個人で契約したスマホを業務でも使用しているような場合、通信費のうち業務に使った分を計算し、経費精算を行うことで会社の経費にすることができます。

11 ゴルフ代を支払ったとき

誰でも参加できるのであれば「福利厚生費」にできる

ゴルフ代をはじめとするレジャー費用も、事業目的や福利厚生目的で支払った場合は経費にできます。

取引先の接待目的でゴルフをしたなら「交際費」、社内の親睦目的のゴルフであれば「福利厚生費」とするのが基本です。

福利厚生費にする場合は、やはり特定の人だけでなく全従業員を対象にしなくてはいけません。実際に全従業員が参加しなくてもいいのですが、希望者は誰でも参加できる状態をつくっておく必要があります。

こうしたレジャー費用を支払うときは、会社から支払いを行い、領収書なども会社の名前で発行してもらいます。そのうえで、以下の2点を意識しておきましょう。

①事業内容等から見て妥当な金額である
②回数が常識的な範囲である

また、単発のイベントではなく、社内のサークルとしてゴルフや野球などの活動を行うケースもあるでしょう。そのような場合も、サークル活動への参加権が全従業員に与えられているのであれば、活動費用を福利厚生費として経費にすることができます。

12 お中元・プレゼントを渡したとき

渡す相手によって勘定科目が変わる

会社として取引先にお中元やプレゼントを渡す場合、会社にとってビジネス上の関係を構築するために必要な支出であれば、経費計上が可能です。購入費用そのものはもちろん、送料や包装料なども経費に含めて構いません。

ここで注意したいのは、渡す相手によって勘定科目を変える必要があるという点です。

・取引先に渡す　→　交際費
・従業員に渡す　→　福利厚生費

そのため、お中元やプレゼントなどの代金を支払ったときは、送った相手が誰なのかを記録しておくことが大事です。たとえば、お中元を送るなら、領収書を保管するのはもちろん、送付先のリストを作成して支払い金額の合計額を明らかにしておくことで、交際費との結びつきがはっきりします。

なお、あまりに高額なものを贈答すると、私的な支出であると税務署から疑いを持たれ、経費計上を否認されるおそれがあるので注意してください。

また、従業員への贈答を福利厚生費にする場合は、全従業員を対象にする必要があります。誕生日を迎えた社員にプレゼントを贈ったり、退職する社員に花束を渡したりするのはよいのですが、特定の人にだけ渡すと福利厚生費として認められません。

第4章
必須の節税知識

1

会社にお金が残る節税方法とは

脱税と節税は違う

会社の第一の目的は利益を追求することにありますが、「儲かれば税金がかかる」ということを頭に置いておく必要があります。

そこで押さえておきたいのが、節税の基本的なルールです。日本の税制には任意で使えるさまざまな節税方法が存在し、これを使うか使わないかによって、同じ利益を得た会社であっても、税負担は大きく変わります。

もし、節税でお金を浮かすことができれば、それだけ会社が存続できる可能性が高まり、成長のスピードも高まっていくでしょう。

節税方法の大半は事前の準備が重要です。「儲かったら節税する」のではなく、「儲かる前に節税する」と考えるようにしてください。

そして、「自分では節税したつもりでも、最終的には損をしてしまう節税方法がある」という点にも注意が必要です。とくに、創業期の会社は顧問税理士がついていない場合が多く、自己流で節税をしたところ税務署から否認されるといったことがあります。

税金にあまり明るくない人が、「税金を支払いたくない」と思った末にやりがちなことが次の２つです。

①脱税する
②お金を使って節税する

まずは①「脱税する」について考えてみましょう。言葉は似ていますが、「節税」と「脱税」はまったく意味が異なります。

「節税」は法律に則って税負担を下げることを意味します。一方、「脱税」は違法な方法で税逃れをすることで、当然ながら許されるものではありません。

たとえば、税金を下げようとして次のようなことを行うと、脱税とみなされてしまいます。

（a）隠し口座をつくって、売上の一部を振り込んでもらう（売上除外）

（b）対価性のない外注費を支払って、経費を増やす（架空外注費）

このような行為は、いずれ税務調査により明らかになりますし、意図的に税逃れを行ったと認定されると、本来支払うべきだった税金はもちろん、重加算税や延滞税が加算され、非常に重たい税負担になってしまいます。金額が大きく悪質な場合には、ニュース報道されて刑事罰を受けることもあります。

しかも、このような脱税行為が一度明らかになると、その記録は税務署に残り続けます。税務調査が終わった後も、税務署から目をつけられやすくなるので、何もいいことはありません。

お金が残らない節税方法

それでは、②「お金を使って節税する」という方法はどうでしょうか。たとえば、社用車や必要のない備品を買う、交際費を多く支払うといった行為です。

こういった方法は脱税ではないので、税務署から否認されることは基本的にありません。会社の税負担も少なくなるでしょう。

しかし、節税効果以上にお金を失うことになるため、とくに創業期においてはやめておいたほうが無難です。

ここで、試しに2つのケースを比較してみます。

1000万円の利益の中から、社員旅行、パソコン等の購入、交際費を合わせて900万円を使ったとしましょう。そうすれば利益が100万円に下がるため、税負担は30万円程度で済みます。でも、これでは手元に残るお金は1000万円－900万円－30万円＝70万円だけです。

では、利益の1000万円について、そのまま税金を支払えばどうなるでしょうか。税金は約270万円程度となり、前述した方法で節税した場合と比べて約9倍になりますが、残るお金は利益1000万円－税負担270万円＝730万円です。

このように比較をすると、今後ビジネスを続けるうえで、無駄な出費を控えて730万円を手元に残した企業のほうが、明らかに有利です。

銀行融資を受けるうえでも、利益を多く残したほうが審査に通りやすくなります。より多くの運転資金や設備投資資金を借りることができたり、金利を優遇されたりといった効果も期待できます。

最初に行うべき3つの節税方法

先ほどの説明で、「では、節税しないほうがいいの？」と思われたかもしれません。しかし、それも違います。中には会社のお金が出ていかず、かつ節税効果もある方法があるのです。

この章ではそうした節税方法をご紹介します。なかでも効果が大きいのが「役員報酬の適正化」「旅費日当」「社宅家賃」という3つの節税方法です。役員報酬の適正化については第1章ですでに説明しましたが、他の2つの方法も優先的に行うことをおすすめします。

各節税方法の具体的な使い方は後ほど説明するとして、まずは節税効果のイメージをつかんでいただければと思います。

仮にA社とし、先に挙げた3つの節税方法を使った場合と、使っていない場合の税金額がどのくらい違うのか実際に比較してみましょう。

A社は、1年間の売上1億円のうち8000万円を経費として使っています。この経費の中には社長の役員報酬600万円（月額50万円）が含まれています。

この場合の会社（法人）にかかる税金と、社長（個人）にかかる税金を合計した結果は、次のとおりです。

【3つの節税方法を使った場合（※）】

法人税 45万円
法人事業税 13万円
法人住民税 10万円
個人所得税 235万円
個人住民税 157万円
合計は、460万円

【3つの節税方法を使っていない場合】

法人税　439万円
法人事業税　163万円
法人住民税　35万円
個人所得税　35万円
個人住民税　39万円
合計は、　711万円

※計算の条件は以下のとおり。
・社長の役員報酬を月額90万円、奥さんの役員報酬を月額80万円に設定
・社長が毎月平均7日出張に行っており、日当が2万円で、年間168万円の経費を追加
・社宅の家賃から、社長が負担する家賃分を差し引いた年間120万円の経費を追加

なんと、節税をする場合としない場合では、250万円も税負担に差が出ています。これだけの差が毎年積み重なると、会社の経営にも影響がおよぶことは確実です。

節税方法について正しく理解して実行すれば、きちんと節税していない会社と比べて相当なお金を会社に残すことができるはずです。これは企業の競争力を高めることにもつながり、生き残る可能性が高まります。

2

必須の節税知識その1　「旅費日当」を設定する

旅費日当は会社と社長個人にメリットが

仕事上の理由で出張することが多いのであれば、会社から社長に「旅費日当」を支給することでかなりの節税が可能です。その理由は、主に次の2つのポイントによります。

①法人が支払った旅費日当は、法人の経費となる
②社長が受け取った旅費日当は、税金がかからない

第1章で説明したとおり、役員報酬は会社の経費になる一方で、社長個人の収入として

税金や社会保険料がかかる点がネックになります。かといって役員報酬を下げれば、法人の税負担アップに跳ね返ってきます。

しかし、旅費日当は違います。会社と個人のそれぞれにメリットがあるのです。

それでは、具体的に節税効果を見てみましょう。たとえば、社長に対して年間１００万円の旅費日当を支払ったとすると、その影響は次のとおりです。

・会社は１００万円を経費として利益から差し引くことができる
・社長は受け取った１００万円について、税金や社会保険料を払わなくてよい

旅費日当を支払うときのポイント

〈出張旅費規定を作る〉


旅費日当を利用するにあたって最初に注意すべきは、「旅費規程を作成する」「旅費規程のとおりに運用する」という2点です。

旅費規程のフォーマットは図表20を参考にしてください。ポイントは「社長だけでなく

図表20　旅費日当の規程サンプル

旅　費　規　程

第1条　役員及び従業員等が社用のため出張するときは本規定により旅費を支給する。

第2条　旅費は順路によって計算する。但し、天災その他やむを得ない事由で順路によって出張し難い場合には実際に経過した通路による。

第3条　出張旅費は交通費、日当及び宿泊料の三種とし交通費及び宿泊料は実費精算とする。

第4条　役員及び従業員等が出張する場合の日当は次の基準によって支給する。但し、日帰りは半額とする。

代表取締役	1日	20,000円
取締役	1日	15,000円
社員	1日	5,000円

第5条　出張中1カ所における滞在が7日を経過する場合は後を半日当とする。

第6条　出張中鉄道、船舶、航空機等において宿泊をなした場合は第4条の定額の半額とする。

第7条　旅費は精算額の前渡を受けることが出来る。

第8条　旅費の請求精算は帰着後1カ月以内に所定の旅費精算書を以って行うものとする。但し、状況により本規定制定権者の承諾があったときは月末精算等をなすことが出来る。

第9条　本規定に定めのない事項についてはその都度事情を考慮して決定する。

第10条　本規定は制定の日より之を実施する。

令和○年　月　日

住所

商号

代表者名

全従業員にも適用する」という点です。社長と従業員で日当の金額に差をつけても構いませんが、社長だけを対象にする旅費規程にしてはいけません。

〈適正な金額を定める〉

旅費日当の金額は会社の事情に応じて設定して構いませんが、あまりに高額な設定にすると、税務署から否認されるリスクがあります。一般的には、1日2万円以内であれば問題ないでしょう。

旅費日当が節税に役立つからといって、やりすぎは禁物です。他の節税策にも言えることですが、過度に行うと税務署から否認されるおそれがあります。

たとえば、毎月の社長の役員報酬が20万円であるのに対し、出張旅費が30万円だったとします。

このように出張旅費の割合が高くなると、「本来は役員報酬とすべきものを出張旅費にしている」と判断される可能性があります。もし、役員報酬扱いになれば、出張旅費のように非課税扱いにはならないので注意が必要です。

〈旅費精算書をつくる〉

旅費規程に定めるような出張に行ったら、旅費精算書（図表21）を作成し、実費と日当を計算して支給します。あとは、その支給額を会社の経費として帳簿に記録すれば、一連の流れが終わります。

ちなみに、出張旅費を支給するのは、当然ながら仕事上の必要があって出張する場合に限られます。たとえば、商談や契約などのために遠方に出張するケースは問題ありませんが、プライベート目的の出張に出張旅費を支給することはできません。

個人旅行と仕事の境界が曖昧な場合の出張旅費の支給も、後から税務署に否認されるおそれがありますから、このような場合は出張旅費として扱わないほうが無難です。

図表21　出張報告及び旅費精算書サンプル

令和　年　月　日

出張報告及び旅費精算書	管理者		精算者

会社名			
役職		氏名	
行先			
出張内容			

出発		年		月		日	帰着		年		月		日		日		泊

国内外判定	国内

出張費用							
月	日	発	月	日	着	内容	料金

日当	単価	出張費用	合計
0		0	0

出張報告

3

必須の節税知識その2　「社宅家賃」で節税する

社長の住まいの家賃が経費になる

「会社が賃貸物件を借りて、社長の社宅にする」という節税方法が「社宅家賃」です。これを使えば、家賃のおおむね50％程度を、合法的に会社の経費にすることができます。

逆に社宅家賃を使わず、社長が普通に賃貸物件に住むと、家賃は経費になりません。仮に家賃を毎月20万円支払うとなれば、年間２４０万円は社長個人の収入、つまり役員報酬の中から支払うことになります。しかし、社長の住まいを社宅にすると、家賃の半分としても年間１２０万円は経費となり、会社の税金が安くなります。

たとえば、家賃15万円の賃貸マンションを会社で借りて、社長夫婦で生活するとしましょう。すると、個人負担の家賃の目安は7万5000円です。その効果として、法人は差し引きで月7万5000円分の経費を増やすことができます。年間なら90万円ほどの利益圧縮が可能です。そして、社長個人として考えると、本来は個人負担するはずだった家賃が半額になるので、年間90万円が家計から出るのを防ぐことができます。このことにより、役員報酬を低く設定しても生活を成り立たせやすくなります。この点は旅費日当のメリットと重なります。このようなメリットを踏まえると、創業期の社長の住まいは基本的に持ち家ではなく賃貸で考えておいたほうがよいでしょう。

社宅家賃を経費にする準備

〈賃貸借契約を結ぶ〉

社宅家賃を使ううえで、最も重要な点は賃貸借契約にあります。社長が住む物件について、社長の個人名義で賃貸借契約を結ぶのではなく、必ず法人名義で契約をしてください。法人名義で契約できるかは地域性なども影響しますが、最終的には交渉次第です。法人契約が嫌がられるのは、基本的には店舗などに使われるケースですから、あくまでも社長家族の住まいとして使うことを説明するといいでしょう。

〈家賃を受け取る〉

会社と社長の間で、一定額の家賃（以下「賃貸料相当額」）のやりとりをすることも必須事項です。これを行わないと、会社から社長に対して家賃相当分の役員報酬が支払われたのと同じ扱いとなり、社長の税金が増えてしまいます。賃貸料相当額の計算方法は、社宅の床面積により変わります。木造なら床面積が132㎡以下、木造以外なら99㎡以下の小規模な住宅の場合、次の①～③の合計額が賃料相当額になります。

①（その年度の建物の固定資産税の課税標準額）×0.2%
② 12円×（その建物の総床面積（㎡）÷3.3㎡）
③（その年度の敷地の固定資産税の課税標準額）×0.22%

上記の計算が難しい場合には、会社が家主に支払う家賃の50%の金額を、役員が会社に支払っていれば、税務的に問題となることはありません。

4 必須の節税知識その3「短期前払費用」の特例

経費を先取りできる

経費を計上するときに気をつけたいのは、「期間に応じて計上するのが原則」という点です。これは第2章で説明した発生主義の考え方によるものです。

たとえば3月決算の会社が、3月中に1年分の保険料として1万2000円を前払いしたとしましょう。すると、その期の経費にできるのは1000円だけです。残る1万1000円は前払費用として計上し、翌期の経費にします。

ただ、以下の3つの条件を満たす場合に限り、「短期前払費用」として、前払い分でも支払った期の経費にすることができます。

①一定の契約に基づき継続的な役務の提供を受けるために支出した費用である
②期末の時点で役務の提供を受けていないが、支払った日から1年以内に受ける
③毎期継続して支払った日の属する事業年度の経費として処理する

これらの条件でポイントになるのが「継続的な役務の提供」が必要になることです。家賃やサーバー代のように、毎月支払いが継続することが契約書で決まっていれば、期末に前払いすることで全額を経費にできます。一方、物品の購入費用のような単発的な支払いには使えません。

また、短期前払費用は、本来は翌期の経費になるものを前倒しで使う形になるので、複数年で見れば経費にできる金額に変わりはありません。そのため、利益が想定以上に多くなったときなど、ここぞというときに短期前払費用を使うようにしましょう。

短期前払費用の優れた点は、事前準備が不要で、思い立ったときにすぐに実行できることです。利益が出そうなことが期末ギリギリにわかったようなとき、その段階でできる数少ない節税方法なのです。

短期前払費用の注意点

短期前払費用の注意点は、２つあります。

まずは、実際にお金を支払わなければいけないということです。これは当然のことのようですが、しっかりと意識しなければいけません。

たとえば、オフィスの家賃のような高い支出を1年分前払いするとなると、大きな資金の流出になります。そのため、節税に有効だという側面ばかりを意識していると、逆に思わぬ資金繰りの悪化に陥る可能性があるのです。

もう1点は、1年分の前払いを行ったものは、毎年継続しなければいけないということです。たとえ翌年は利益が出ていなかったり資金繰りが苦しくても、同じ時期に1年分を前払いしないといけません。

短期前払費用は将来的な影響も踏まえて検討する必要があります。とはいえ、将来的に支払わなければいけない経費を先に支払うだけで節税になる点は魅力的ですから、前向きに検討するといいでしょう。

5

必須の節税知識その4　中古資産を購入する

中古資産を買えば早く経費化できる

自動車などの固定資産を購入するときは、第3章で説明した減価償却のルールに注意が必要です。あらためて減価償却についておさらいしておきましょう。

通常、30万円（白色申告の場合は10万円）以上の固定資産を買うと、固定資産の種類ごとに設定されている耐用年数に応じて費用化します。そのため、買った金額のすべてをすぐに経費にすることはできません。

そこで検討したいのが、「あえて中古品を買う」という方法です。

固定資産を中古で購入すると耐用年数を短くすることができます。つまり、新品よりも中古のほうが、1年あたりで経費にできる金額が増えるということです。

中古資産の耐用年数は、次のように計算します。なお、計算をした結果、端数があれば切り捨て、2年未満の場合は2年となります。

・耐用年数の全部を経過している場合……新品の場合の耐用年数×20％
・耐用年数の一部を経過している場合……（新品の場合の耐用年数－経過年数）＋経過年数×20％

4年落ちの中古車を買うと節税できる理由

よく、「4年落ちの中古車を買うと節税できる」といった話がありますが、これは耐用年数を最も短くできるからです。

新車の普通車であれば、6年間かけて減価償却を行います。つまり、買った金額をすべて経費にするまでに6年もかかるということです。

しかし、同じ普通車でも中古車であれば扱いが変わります。先ほど説明した算式にあてはめると、「4年落ちの中古車」であれば耐用年数は2年になります。耐用年数2年で定率法により計算すると、12カ月（1年）で購入費用の全額を経費にすることができます。ただし、12カ月での月数按分となるので、決算ギリギリで購入をした場合は大きな経費にはならないことに注意が必要です。

このような節税を行うべきタイミングは、当然ながら利益が出たときです。中古車を買って経費を増やしても、その年が赤字であれば節税効果は発揮されません。

他の節税方法にも言えることですが、「本当に節税につながっているか」という点を慎重に見極めるようにしましょう。

6 必須の節税知識その5　「決算賞与」を支給する

従業員のモチベーション向上に役立つ

利益がたくさん出たときは、従業員に還元するのも効果的です。

給料のベースを動かすのは簡単なことではありませんが、利益の一部を「決算賞与」として支給することは簡単に行うことができます。

決算賞与とは、決算の前後に臨時で支給する賞与のことです。決算期末になって思ったよりも利益が多くなったときは、決算賞与を支給することで節税ができます。

決算賞与は、会社の業績アップの結果を社員に還元するものですから、社員のモチベーション向上につながります。これは社員の退職を抑制したり、仕事の生産性を高めたりといった効果にもつながるでしょう。

決算賞与を経費にする条件

決算賞与の支払いが当期中に間に合わないとしても、次の3つの要件を満たす場合に限って、「未払い賞与」として当期の経費にできます。

①その支給額を各人別に、かつ同時期に支給を受けるすべての従業員に対して通知していること
②①の通知をした金額をその通知をしたすべての従業員に対し、決算日から1カ月以内に支払うこと
③その支給額につき、当期に損金経理していること

このように、期末までに、少なくとも決算賞与を支給することを決めて通知や経費計上を行う必要があります。その意味からも、早くから決算のシミュレーションを行い、決算

賞与を支給するかどうか決めなくてはいけません。

決算賞与を経費にできないケース

先ほどの要件をすべて満たしても、以下の場合は未払いの決算賞与を経費として計上することが認められません。

①決算賞与の通知をしたが、支払いを受けられなかった従業員がいる

決算賞与の通知を行ったら、その対象者全員に支給を行う必要があります。たとえば通知を行った後に従業員が退職したとして、その従業員に決算賞与を支給しなければ、従業員全員分の決算賞与が経費として計上できなくなります。損金算入するためには、退職者にも支給してください。

②決算賞与の通知と異なる金額の支払いがあった場合

1人でも通知額と異なる金額を支給すると、決算賞与を当期の経費に計上できなくなります。

③決算賞与を在籍している従業員のみに支払うことにした場合

「決算賞与は支給日に在籍している従業員のみに支払う」といった規定があった場合、決算日時点では未払いの決算賞与の金額が確定していないことから、当期に決算賞与を計上できなくなります。

7 必須の節税知識その6　生命保険に加入する

生命保険に入るメリット

生命保険は、正確には「節税」ではなく「課税の繰り延べ」と言われるものです。支払ったときは経費になりますが、解約返戻金などで戻ってくるときには収益として法人税の課税対象となるからです。ただし、使い方によっては退職金の原資としても有効なので、ここで説明します。

次に挙げるのは、法人として加入できる法人保険の主なタイプです。

①定期保険……死亡保障を目的として加入する保険

②逓増定期保険……保険期間の経過にともなって、保険金額が増える保険
③長期平準定期保険……定期保険の中でもとくに保険期間が長期に設定されている保険
④養老保険……満期保険金があり貯蓄性が高く、保険期間中に被保険者が死亡した場合にも保険金を受け取れる保険

こうした保険に加入するメリットは、万が一のときに保障が受けられるうえ、保険のタイプによって、支払った保険料の全額または半額程度を経費とすることができる点にあります。

保険には掛け捨てのものと、貯蓄型のものがあります。貯蓄型の場合、保険を中途解約すると解約返戻金を受け取れます。

そのため、たとえば災害や業績悪化により会社の資金が少なくなった場合、保険を途中解約することで、必要な資金を確保することが可能です。

社長にとって、ビジネスを存続させ従業員の給料を支払い続けるのは大きなプレッシャーです。法人保険に加入しておくと、「自分が働けなくなっても保険がある」という安心材料になるでしょう。

退職金の原資は生命保険で

法人保険は「退職金」の原資として活用するのも有効です。

会社が積み立てた資金を退職金として受け取れば、同じ金額を役員報酬としてもらうよりも税金や社会保険料を抑えることができます。

数千万円といった金額を退職金として支払うには、時間をかけて準備をしておく必要があります。

そのときは、預金で退職金を貯めるのではなく、法人保険を活用するのが合理的です。解約返戻金の条件が良い法人保険に加入しておけば、退職のタイミングで保険を解約し、退職金に充てることができます。

法人保険のメリットは、保険料の一部が会社の経費になることに加え、社長の病気や事故などの場合も保険金を受け取ることができる点にあります。

このように生命保険を活用し、会社が保険料を支払うことで、最終的には社長の個人資産として戻ってきます。

その意味から「役員報酬を下げて保険料に充てる」という考え方も有効です。たとえば、役員報酬を月50万円支払う余力があれば、40万円を役員報酬に、10万円を保険料に充てるといった具合です。こうすれば、役員報酬に比例して増える所得税・住民税・社会保険料も抑えることができます。

会社を設立したばかりであれば、「退職金の準備を始めるのは早い」と思われるかもしれません。しかし、そんなことはありません。できる範囲で、少しずつ将来の退職金に備えて積み立てていきましょう。

8 必須の節税知識その7　「倒産防止共済」に加入する

倒産防止共済のメリット

「倒産防止共済」は中小企業基盤整備機構が運営している制度で、掛け金を支払うことで取引先の倒産などの事態に備えられるものです。主なメリットは次の4つです。

①毎月20万円まで掛け金を設定でき、全額を会社の経費にできる（累計８００万円まで）
②無担保・無保証人で掛け金の10倍の金額まで借りられる（８０００万円まで）
③取引先が倒産した場合、すぐに資金を借りられる
④解約手当金が受け取れる

倒産防災共済に加入すると、最大で年間240万円を経費にでき、1年分の掛け金を一括払いすることも可能なので、節税の観点で即効性があります。ただし、掛け金を経費として計上するには、法人税の申告書を作成する際に別表10(7)を添付する必要があります。

倒産防止共済の注意点

倒産防止共済からお金が出るのは、取引先が破産などの法的整理を行ったり、災害による不渡りが生じる場合など、ごく特殊なケースに限られます。また、そのような事態が起きたときに支払われる共済金はあくまで借入金であるため、いずれ返済しなくてはいけません。また、最終的には解約することで掛け金が戻ってきますが、そのときに課税対象となる点にも注意が必要です。とくに、加入期間が40カ月未満で解約すると元本割れになってしまうので、解約のタイミングは慎重に考える必要があります。

法人保険なら、いざというときに保障を受けられ、任意で解約返戻金も受け取ることができます。法人保険を優先し、それでも余力があれば倒産防止共済を検討しましょう。

9 必須の節税知識その8　「小規模企業共済」に加入する

社長個人の税負担を下げる

ここまで、会社の税金に効果的な節税方法をお伝えしてきました。次に説明する「小規模企業共済」は、会社の節税に使うことができませんが、社長個人の所得税や住民税の節税にとても役立ちます。

社長にとって、会社の節税と個人の節税の両方を考えることは大切です。なぜなら、会社の成長にともない役員報酬を上げると、社長個人の税金が増えていくからです。

そこで、個人の節税のために最初に活用したい方法として、小規模企業共済を紹介します。

小規模企業共済について簡単に説明すると、「社長自身の退職金の積み立て」として行うものです。小規模企業の経営者などが廃業したときの生活安定や事業再建、社会保障の不備補充を目的に、この退職金制度は設けられました。

法人保険を活用した退職金の積み立ては会社として行うものですが、小規模企業共済は個人として行うものです。このいずれも実行すれば、法人と個人の両面から、退職金を用意することができます。

小規模企業共済の加入手続きを行うと、毎月一定の掛け金を国が運営する中小企業基盤整備機構に支払います（図表22）。

この掛け金は、個人の税金を計算すると

図表22　小規模企業共済の加入手続き

手続き	内容
1 必要書類の入手	①役員登記されていることが確認できる書類（法人の登記簿謄本など） ②中小企業基盤整備機構の書類（契約申込書・預金口座振替申出書）
2 書類へ記入	所定の書類に必要事項を記入する
3 窓口へ提出	中小企業基盤整備機構の業務を取り扱っている委託団体または金融機関の窓口へ提出する
4 書類の受け取り	約40日の審査期間を経て、中小企業基盤整備機構から小規模企業共済手帳などが送付される

きに全額が「小規模企業共済等掛金控除」として所得から差し引かれます。掛け金は月額1000円〜7万円の範囲で自由に設定できるので、最高で年間84万円の所得控除を増やせるというわけです。

その節税効果は、個人の所得と掛け金の額によって決まります（図表23）。役員報酬などの所得が大きい社長であれば、簡単に毎年数十万円単位の税負担を減らすことができるでしょう。

ちなみに、小規模企業共済の掛け金は個人の所得控除という扱いなので、会社の経費にはなりません。しかし、掛け金相当額を役員報酬に上乗せするという方法で、間接的に法人税の節税効果も得られます。

図表23　小規模企業共済の掛け金の全額所得控除による節税額一覧表

課税される所得金額	加入前の税額		加入後の節税額			
	所得税	住民税	掛金月額1万円	掛金月額3万円	掛金月額5万円	掛金月額7万円
200万円	104,600円	205,000円	20,700円	56,900円	93,200円	129,400円
400万円	380,300円	405,000円	36,500円	109,500円	182,500円	241,300円
600万円	788,700円	605,000円	36,500円	109,500円	182,500円	255,600円
800万円	1,229,200円	805,000円	40,100円	120,500円	200,900円	281,200円
1,000万円	1,801,000円	1,005,000円	52,400円	157,300円	262,200円	367,000円

＊「課税される所得金額」とは、その年分の総所得金額から、基礎控除、扶養控除、社会保険料等を控除した後の額で、課税の対象となる額をいう。
＊税額は平成29年4月1日現在の税率に基づき、所得税は復興特別所得税を含めて計算。住民税均等割については、5,000円とする。

出所：独立行政法人中小企業基盤整備機構ホームページ

たとえば、役員報酬を月５万円アップすると、会社の税金が減る一方で、個人の税金が増えてしまいます。そこで小規模企業共済の掛け金を月５万円増やせば、個人の所得と相殺でき、税金アップを防ぐことができます。

そして、積み立てた掛け金は、将来自分が社長を辞めるときや、年齢などの条件を満たした場合に、「支払った金額プラスα」が共済金として返ってきます。共済金の金額は、掛け金の納付期間などにもよりますが、納付した掛け金総額の最大１２０％相当額になります。

将来受け取る共済金については、一括で受け取ることも、分割で受け取ることも可能です。一括で受け取る場合は「退職所得控除」が、分割で受け取る場合は「公的年金等控除」が適用されることで、税負担を低く抑えることができます。

ただし、小規模企業共済等の加入期間が短いタイミングで解約すると、元本割れが生じる可能性がある点には注意が必要です。掛け金の納付月数が２４０カ月（20年）未満で任意解約した場合には、支払われる解約手当金が掛け金の合計額を下回ります。

こういった意味から、小規模企業共済等を利用するときは、基本的には20年以上は継続して積み立てることを想定しておきましょう。

資金繰りにも役立つ

小規模企業共済について、節税とは違う側面からメリットを説明したいと思います。「個人の節税策」という意味では、医療費控除や住宅ローン減税などさまざまなものがあります。

しかし、そうした方法よりも小規模企業共済を優先すべき理由は、「資金繰りに役立つ」という点にあります。具体的には、次の２つの特徴が小規模企業共済の強みとして挙げられます。

①掛け金を自由に設定でき、簡単に変更できる
②独自の貸付制度がある

すでに説明したとおり、小規模企業共済の掛け金は月額１０００円～７万円の範囲で設定できます。この範囲内であれば、いつでも５００円単位で掛け金を増減させることが可

能です。

したがって、たとえば会社の業績が悪化して役員報酬を下げざるを得えなくなったときは、掛け金を減額して対応できます。そして、いずれ業績が戻れば、掛け金を増額すればいいのです。掛け金の範囲を1年分に直すと1万2000円～84万円と幅広いので、その時々の状況に合わせて柔軟に設定できるのは便利です。

掛け金の変更について特別な条件はなく、希望するタイミングで掛金月額変更申込書を出せば、次回の引き落としから変更後の金額になります。

次に、小規模企業共済の貸付制度についてです。こちらは、「小規模企業共済の掛け金の7割から9割を限度として借り入れができる」というものです。次のとおり、事業などの事情に合わせた貸付制度があり、利率も比較的低く設定されています。

①一般貸付制度
②緊急経営安定貸付け
③傷病災害時貸付け
④福祉対応貸付け

⑤創業転業時・新規事業展開等貸付け
⑥事業承継貸付け
⑦廃業準備貸付け

たとえば、一般貸付制度であれば、借入期間が「100万円以下の場合には6カ月または12カ月」といったように定められています。とくに審査に時間がかかることもなく、手続きをすればすみやかに資金を調達することができます。

社長にとって、複数の資金調達の手段を持つことは大切です。売上がストップして資金不足に陥りそうなとき、銀行から融資を受けられるとは限りません。そうしたとき、小規模企業共済の貸付制度により助かる可能性があります。

小規模企業共済はしっかり節税効果を得ながら、いざというときも助けになりますから、積極的に活用したほうがいいでしょう。

第5章
決算を行う

1 決算前に知っておくべき法人税の知識

会計上の利益と税務上の利益は違う

法人税は、会計上の利益に対してそのままかかるわけではなく、税法による一定の調整が加わります。まずは損益計算書と貸借対照表を作成して当期純利益を確定し、この当期純利益を基に、税法による調整を行うのが基本的な流れです。

この調整を行う際の税務上の収益を「益金」、費用を「損金」といいますが、とくに注意が必要なのが損金の取り扱いです。会計上は費用になるのに損金にできないものが数多くあります（図表24）。したがって、税務申告を行う際は、あらためて損金の調整を行う必要があります。

繰越欠損金の計算方法

税法により当期純利益の調整を行った後、会社に前期からの繰越欠損金がある場合は控除することができます。

青色申告書を提出する法人の場合、ある事業年度の課税所得がマイナスになると、欠損金として翌期以降に繰り越すことができます。この繰越欠損金は将来利益が出たときに相殺できるので、節税につながります。

資本金1億円以下の法人の場合、過去10年以内に発生した繰越欠損金のうち、その事業年度の所得金額まで控除することが

図表24　主な損金計算上のルール

種　類	損金計算上のルール
交際費	損金算入限度額を超えた部分は損金にならない。資本金1億円以下の場合、「外部との飲食代の50%」と「年間800万円」のうちいずれか多い金額が損金算入限度額となる
役員給与・役員賞与	原則として定期同額給与以外は損金にならない
租税公課	法人税や住民税のほか、加算税などのペナルティは損金にならない
引当金繰入	貸倒引当金など、要件を満たすもの以外は損金にならない

できます。つまり、当期の所得金額を超える繰越欠損金があれば、所得金額はゼロになるということです。そして、控除し切れなかった繰越欠損金は、翌期以降に繰り越すことになります。

また、資本金1億円以下の法人には、「欠損金の繰戻還付」という制度もあります。こちらは、欠損金が生じたとき、その事業年度開始の日前1年以内に開始した事業年度に繰り戻して、所得金額と相殺できるというものです。相殺した結果、納めすぎた法人税の還付を請求できます。

法人税の計算方法

繰越欠損金の処理を行ったら、税金を計算する基準となる所得金額が確定するので、次の税率を掛けて法人税を計算してください。

・中小法人で所得金額８００万円以下の部分……15％
・中小法人で所得金額８００万円超の部分……23・２％

・中小法人以外（普通法人のうち資本金の額が1億円超の一定の法人）の場合……一律23・2％

さらに、前記の税率により法人税額を算出した後、要件を満たせば税額控除を差し引くことができます。試験研究費をかけたときや設備投資を行った場合など、複数の税額控除があるので、利用できるときは忘れずに差し引くようにしましょう。

ただし、税額控除は、適用できる期間が定められており、また税制改正の対象となることが多い論点ですので、常に最新情報をご確認ください。

2
会計から業績を把握する

貸借対照表

日々の取引などをきちんと会計ソフトに入力することで、集計結果をさまざまな帳票で出力することができます。それらの帳票のうち、会社の業績を把握するうえでとくに重要となるのが、貸借対照表（B／S）と損益計算書（P／L）です。

まずは貸借対照表の見方から説明しましょう。貸借対照表は、会社の資産や負債などを示すもので、簡単に言えば「会社の財産目録」です。

貸借対照表を見れば、「会社の資産や負債がどのくらいあるのか」を、すぐに把握することができます。

貸借対照表は、大きく「資産」「負債」「純資産」の3つの欄に分かれています。

資産の欄には、会社が集めたお金をどのような形で持っているのかが記載されています。

また、資産は次のとおり「流動資産」と「固定資産」に分かれています。

・**流動資産**……1年以内に現金化できる流動性の高い資産（現金など）
・**固定資産**……1年を超える長期にわたって保有する資産（建物、車両など）

負債の欄には、会社が返さなければならない借金などが記載されています。負債は返済期限に応じて「流動負債」と「固定負債」に分けられます。

・**流動負債**……1年以内に返済しなければならない負債。買掛金や未払金なども含まれる
・**固定負債**……1年よりも先に返済しなければならない負債。銀行から借りた長期の借入金や、資金調達のために発行した社債などが含まれる

最後に純資産の欄ですが、ここには会社の元手である資本金と、今までに会社が得た利

益の繰越額などの合計が記載されます。
貸借対照表は、左側には資産の部が、右側には負債の部と純資産の部があり、左右の合計金額が一致します。そのため、貸借対照表またはB／S（バランスシート）と呼ばれているのです。

損益計算書

損益計算書は、「会社がいくら儲かったのか」という経営成績を示すものです。損益計算書を作るときは、売上高や仕入高、販売管理費などを集計し、1年でどれくらいの利益を得たのかを計算するのが基本的な流れになります。
損益計算書で算出される利益には、5つの段階があります。この5種類の利益の特徴を知ることで、経営上の課題を見つけやすくなります。

【①売上総利益（粗利益）】

売上総利益（粗利益）は、売上高から「売上原価」を差し引いて計算します。売上原価

図表25　B/Sに出てくる主な勘定科目

勘定科目	内　容
現金及び預金	現金と預金の残高の合計額。
売掛金	商品を販売したり、サービスの提供が終わって請求書を出したりしている状態で、代金の回収がまだできていないものの金額。
商品	在庫の金額。仕入れたときの金額で表示される。
前払費用	先にお金を支払っていて、サービスの提供が完了していないものの金額。1年以内にサービスの提供が完了するものが「前払費用」、1年以上先までかかるものが「長期前払費用」。
建物附属設備	店舗や事務所の内装費用や電気工事などの金額で、建物そのものではなくその内部を作るための費用。最初は支払った金額を計上するが、時間の経過とともに減価償却した金額を差し引いていく。
車両運搬具	社用車の金額。最初は支払った金額を計上するが、時間の経過とともに減価償却した金額を差し引いていく。
工事器具備品	パソコンやプリンター、ビジネスフォン、デスク、応接セットなど会社で使う備品のうち30万円以上のものが「工具器具備品」として資産に計上される。最初は支払った金額を計上するが、時間の経過とともに減価償却した金額を差し引いていく。
長期前払費用	先にお金を支払って、そのサービスを1年以上先まで受けるようなもの。たとえば保証協会の保証料などが該当する。
差入保証金	事務所や店舗を借りるときに家主に支払う保証金のうち、退去するときに戻ってくる金額。
建物賃借権利金	事務所や店舗を借りるときに家主に支払う保証金のうち、退去しても返金されない部分の金額。時間の経過とともに償却した金額を差し引いていく。
買掛金	商品の仕入れをして請求書が届いているが、まだ支払い期限が来ていないため代金を支払っていないもの。
短期借入金	1年以内に返す借入金。社長が会社の経費を立て替えて支払ったときは、会社から見ると社長からお金を借りたことになるため、短期借入金が増えたという会計処理をする。

とは、商品の仕入れや製造に直接かかった費用を意味します。売上総利益（粗利益）が少ないのであれば、商品の値付けが安すぎるか、売上原価をかけすぎているということです。なお、コンサルタントのようなサービス業の場合、売上原価がゼロとなり、「売上＝売上総利益（粗利益）」になることもあり得ます。

【②営業利益】

営業利益は、主たる営業活動で得た利益です。売上総利益（粗利益）から「販売費及び一般管理費」を差し引くと、営業利益を算出できます。「販売費及び一般管理費」というのは「通常の営業活動から生じる費用」のことで、役員報酬や給料、法定福利費、旅費交通費、消耗品費、広告宣伝費、交際費、会議費、地代家賃など多くの費用が「販売費及び一般管理費」に該当します。

【③経常利益】

事業を行ううえで、営業活動とは関係のない利益や損失が生じることがあります。これらを営業利益に足したり引いたりして算出されるのが経常利益です。たとえば、銀行の利息が発生した場合、経常利益に反映させます。

【④税引前当期純利益】

税金を支払う前の利益を税引前当期純利益といいます。こちらは、経常利益に特別利益と特別損失を加味して計算します。たとえば、車などを売却したときや災害によって損害を受けたときなど、特殊な状況で損益が発生した場合は税引前当期純利益に影響します。

【⑤当期純利益】

税引前当期純利益が確定すると、法人税や地方税を計算することができます。これらの税金を税引前当期純利益から差し引くと、当期純利益が算出されます。

3 決算シミュレーションをする

月次残高試算表でリアルタイムに経営状況を確認

会計年度の途中で業績などをチェックするときは、月次残高試算表を見ると便利です。月次残高試算表は、1カ月間の貸借対照表と損益計算書で、会計ソフトに入力した情報が集計されて表示されます。

試算表は「前月残高」「借方発生額」「貸方発生額」「当月残高」の4つから構成されています。このうち、最も注目すべきものが当月残高です。

貸借対照表の当月残高には、会社にどのくらいの資産や負債があるかが示されています。現金や預金などの資産合計と、借入金や買掛金などの負債合計を見れば、「資産よりも負債のほうが多いから、資金繰りに気をつけよう」といったことに気づくことができます。たとえば、貸借対照表には「仮受消費税」と「仮払消費税」が表示されますが、「仮受消費税－仮払消費税」を計算すると、現時点で会社が支払わなければならない消費税の概算金額を把握することができます。

消費税は大きな税負担になりやすいので、あらかじめ納税額を把握し、資金準備をしておく必要があります。このほか、源泉所得税などの預り金や短期借入金といった、近いうちに支払うべき負債もチェックしておきましょう。

一方、月次残高試算表の損益計算書を見ると、会計ソフトに入力した売上や経費が集計されているので、会社がどのくらい儲けているかを把握することができます。

損益計算書で確認したいのは、「きちんと利益を出せているか」ということに尽きます。今までにどのくらいの利益または損失が出ているかは「当期純利益」として明らかになるので、まずはこの数値に着目してください。

もしも目標よりも当期純利益が少ないのであれば、売上が予想より低かったり、原価や販売管理費が増えていたりするのかもしれません。そうした問題点を把握し、改善につなげることが大切です。

決算シミュレーションで節税

月次残高試算表を見ることで、会社の現状を把握することができますが、将来を予測して決算シミュレーションを行うことをおすすめします。たとえば、決算の3カ月前から決算シミュレーションのシート（図表26）をつくって、決算の数字を予想していくのです。

税金の計算は決算で確定した金額によって決まります。そのため、決算が終わってから節税対策をしても、その期の税金は減りません。かといって早めに経費を増やそうと思っても、実は赤字になっていれば節税効果はなく、むしろ会社のお金がなくなってしまいます。そこで、あらかじめ決算シミュレーションを行うことで、「今期はこのくらい利益が出そうだから、家賃を早めに支払っておこう」とか、「利益が少ないから、モノを買うのは来期にしよう」といった判断ができるようになります。

こうしたシミュレーションは、税理士に依頼したほうがスムーズにできます。税理士事務所によってサービス内容は異なりますが、決算シミュレーションまで任せられるところを選べば、より効果的な節税を行うことができます。

図表26　決算シミュレーションシートの例

決算対策シート	株式会社　サンプル	第2期	（単位：千円）

●決算予測

		前期決算	今期実績 実績（10ヶ月累計）	今期実績 臨時損益	今期実績 臨時損益2	今期実績 経常損益	今期実績 月平均	残期間 予想（2ヶ月累計）	決算 予想
売上高合計		102,177	86,907	0	0	86,907	8,691	17,381	104,288
変動費	仕入高	892	492	0	0	492	49	98	590
	【原】外注費	8,211	5,460	0	0	5,460	546	1,092	6,552
		0	0	0	0	0	0	0	0
		0	0	0	0	0	0	0	0
	棚卸資産の増減	0	0	0	0	0	0	0	0
合計		9,104	5,952	0	0	5,952	595	1,190	7,142
限界利益		93,073	80,955	0	0	80,955	8,096	16,191	97,146
		91%	93%			93%	93%	93%	93%
固定費	役員報酬	8,400	10,600		0	10,600	1,100	2,200	12,800
	人件費	21,606	19,049	0	0	19,049	1,905	3,810	22,859
	その他	39,370	23,075	0	0	23,075	2,308	4,615	27,690
合計		69,376	52,724	0	0	52,724	5,312	10,625	63,349
純利益		23,698	28,231	0	0	28,231	2,783	5,566	33,797

税引き前↑

●決算整理項目	損益
売掛金の洗い替え・帳端整理	
買掛金の洗い替え・帳端整理	
未払費用の計上（外注費）	
未払費用の計上（給料の帳端）	
未払費用の計上（社会保険料）	
未払費用の計上（消費税）	
償却：有形固定資産	
その他：	
決算整理後利益予想額	33,797
接待交際費の損金限度超過額	
特別償却取り崩し	
法人税中間納付	
繰越欠損金	
決算対策前課税所得の予想額	33,797

●決算対策項目	資金	損益
・保険		
・生命保険（年払い）	△ 5,596	△ 2,238
・決算賞与	△ 2,390	△ 2,390
・事前確定賞与	△ 3,000	△ 3,000
・倒産防止共済		
・有姿除却		
・旅費日当		
・家賃年払（本社）	△ 2,784	△ 2,784
・家賃年払（倉庫）	△ 465	△ 465
対策総額	△ 14,235	△ 10,877

決算対策利益の予想額	22,920
決算対策後課税所得の予想額	22,920
予定納税	3,060
納税見込額	4,324

MEMO

4 決算

貸借対照表のチェック

事業年度が終了したら、通常は2カ月以内に法人税などの申告と納税を行う必要があります。そのためにはまず決算を行い、当期純利益などを確定しなくてはいけません。決算の内容を間違えていると、その後の法人税申告書などの内容も修正が必要になることから、まずは決算を正しく行う必要があります。

貸借対照表については、主に次の項目をチェックしてください。

①現金及び預金……通帳などで把握した残高と一致しているかを確認します。

②**売掛金**……発行した請求書を見ながら未入金の残高をすべて集計し、会計上の残高とズレがないかを確認します。売掛金の中に回収不能となっているものがあれば、貸倒処理により費用化します。

③**棚卸資産**……帳簿上の金額と実際の金額（実地棚卸高）が合っているかを確認し、不足や販売できないものがあれば費用化します。棚卸資産については、税務調査のときに確実に調査対象となる項目です。在庫表を作っていない場合は、決算日現在の在庫表を確実に作成するようにしてください。

④**仮払金**……内容が不明な支払いを期中に仮払金としている場合は、決算で内容を精査して、本来の勘定科目に修正します。決算を跨《また》いで仮払金として不明点が残っていると、銀行の評価も悪くなることがあります。

⑤**固定資産**……減価償却の計算を行います。すでに稼働していない固定資産がある場合は除却損を計上しなければなりません。

⑥**前払金**……経費処理をした項目の中で決算日現在、まだサービスを受けていないものなどを計上します。広告宣伝費は、支払ったときに経費になるのではなく、出稿されたときに経費になるので、決算日現在、まだ出稿されていないものがあれば、前払金となり

ます。

⑦**借入金・未払金**……銀行からの借入金は返済予定表の残高と会計上の残高が一致しているかを確認します。社用車やコピー機のローンがあるときは、それぞれの返済予定表と未払金の残高が一致しているかを確認します。

⑧**預り金**……源泉所得税や住民税、社会保険で、給与支払い時に天引きした金額と会計上の残高が一致しているかを確認します。通常は、源泉所得税や住民税、社会保険を納めたときに、預かっていた金額の残高が精算されているはずです。

損益計算書のチェック

損益計算書をつくるときに気をつけたいのが、「入金ベースではなく、発生ベースで収益や売上を認識する」という点です。そのため、期中に売ったもので入金がないものでも売上に計上しないと、売上計上漏れになってしまいます。

また、経費についても、その期間に対応するものを計上するのが基本です。したがって、前払費用や未払費用の金額などを整理する必要があります。

【損益計算書のチェックポイント】

①**売上**……発生ベースで売上を整理し、入金がないものは売掛金として当期の売上に計上します。逆に、手付金のように先に入金があってもまだ業務を完了させていないものがあるときは、前受金や前受収益として当期の売上から外す必要があります。

②**経費**……発生ベースで経費を整理し、クレジットカードなど決算後に支払うものも、当期の経費になるものは未払費用や未払金として計上します。また、火災保険料のように数年分をまとめて支払うものは、翌年以降の分を前払費用として、当期の保険料と分けて計上します。

③**減価償却**……固定資産ごとに正しい耐用年数と償却率を使って計算します。年の途中で取得した固定資産については、当期に使用した月数に応じて月数按分で計上する必要があります。

5 申告と納税をする

申告書を提出するまでの流れ

決算が終わったら、法人税などの申告書類を作成します。これらの申告書類は、個人の確定申告書と比べてかなり複雑で、自分で作成するのは困難です。税理士に書類の作成や会計のチェックなどを任せたほうがいいでしょう。

【申告書作成の流れ】

①消費税の申告書を作成する。
②税引前当期純利益を計算する。

③税引前当期純利益に基づき「法人税申告書」を作成し、当期の法人税を計算する
④地方税の計算をする
⑤法人税と地方税の金額を会計ソフトに入力し、決算報告書を作成する
⑥「株主資本等変動計算書」と「注記」を記載し、決算報告書を完成させる
⑦再度、税引後利益を使って法人税申告書を完成させ、併せて勘定科目内訳明細書、法人事業概況説明書も作成する。租税特別措置法の適用を受ける場合は、適用額明細書も作成する。
⑧税務署に申告書を提出する。

【税務署に提出する書類】

①法人税申告書

法人税の計算のために作成するものです。申告内容によって提出すべき様式が変わりますが、別表一、一次葉、二、四、五（一）、五（二）は必ず提出します。

②決算報告書

貸借対照表、損益計算書、株主資本等変動計算書、個別注記表の4種類を作成します。

③勘定科目内訳明細書

決算書に記載した勘定科目の内訳を記載し、作成します。

④法人事業概況説明書

法人の事業内容や月別の売上などを記載し、作成します。

⑤消費税の申告書

消費税の課税事業者の場合、消費税の申告書も別途作成します。

【道府県税事務所に提出する書類】

法人道府県民税・事業税・特別法人事業税の申告書

都道府県に納める地方税を計算するために作成します。都道府県によって税率は異なります。

【市町村に提出する書類】

法人市町村民税の申告書

市町村に納める地方税を計算するために作成します。市町村によって税率は異なります。東京都特別区の場合、市町村用の申告書は不要です。

税金の納め方

申告書を作成すると納付すべき金額が算出されるので、これを期限内に納税します。納税の期限は申告の期限と同じなので、期限内に納税まで済ませるようにしましょう。

なお、法人税は赤字であればかかりませんが、道府県民税と市民税には「均等割」があり、赤字であっても納税が必要です。資本金１０００万円以下の法人の場合、道府県民税は２万円程度、市民税は５万円程度を最低限納めなくてはなりません。なお、東京都特別区の場合は、まとめて均等割を７万円納める形になります。

さらに、前期の納付額によっては、「中間納付」という税金の仮払いが必要になります（図表27）。仮払いとはいえ、中間納付の期限に遅れると延滞税が課されるため、注意しましょう。

図表27　中間納付が必要になるケース

税金の種類	中間納付の基準	中間納付すべき税額
法人税	前期の法人税納付額が20万円超	前期に納付した法人税額の半分
地方法人税	法人税で中間申告・納付がある場合	前期に納付した地方法人税の半分
消費税	前期の消費税の納付額（地方税を含まない額）が48万円超である場合	前期の消費税の納付額に応じて異なる

6 消費税の基礎

消費税の課税事業者

法人税や地方法人税は会社の利益に応じてかかる税金です。しかし、消費税の計算方法はまったく違うので、別途計算を行う必要があります（図表28）。

まず確認しておきたいのが、「自社が消費税の課税事業者なのか、免税事業者なのか」という点です。課税事業者となるのは、次のいずれかに該当するケースです（図表29）。

①その事業年度の前々年度（基準期間）の課税売上高が１０００万円を超えている

②その事業年度の前年度の期首から６カ月間（特定期間）の課税売上高が１０００万円を

図表28　消費税の仕組み

消費税は、売上にかかる消費税額から、仕入れにかかる消費税額を控除し、
その差額を納付することとされる。

＊税率10％で計算

図表29　納税義務判定のフローチャート

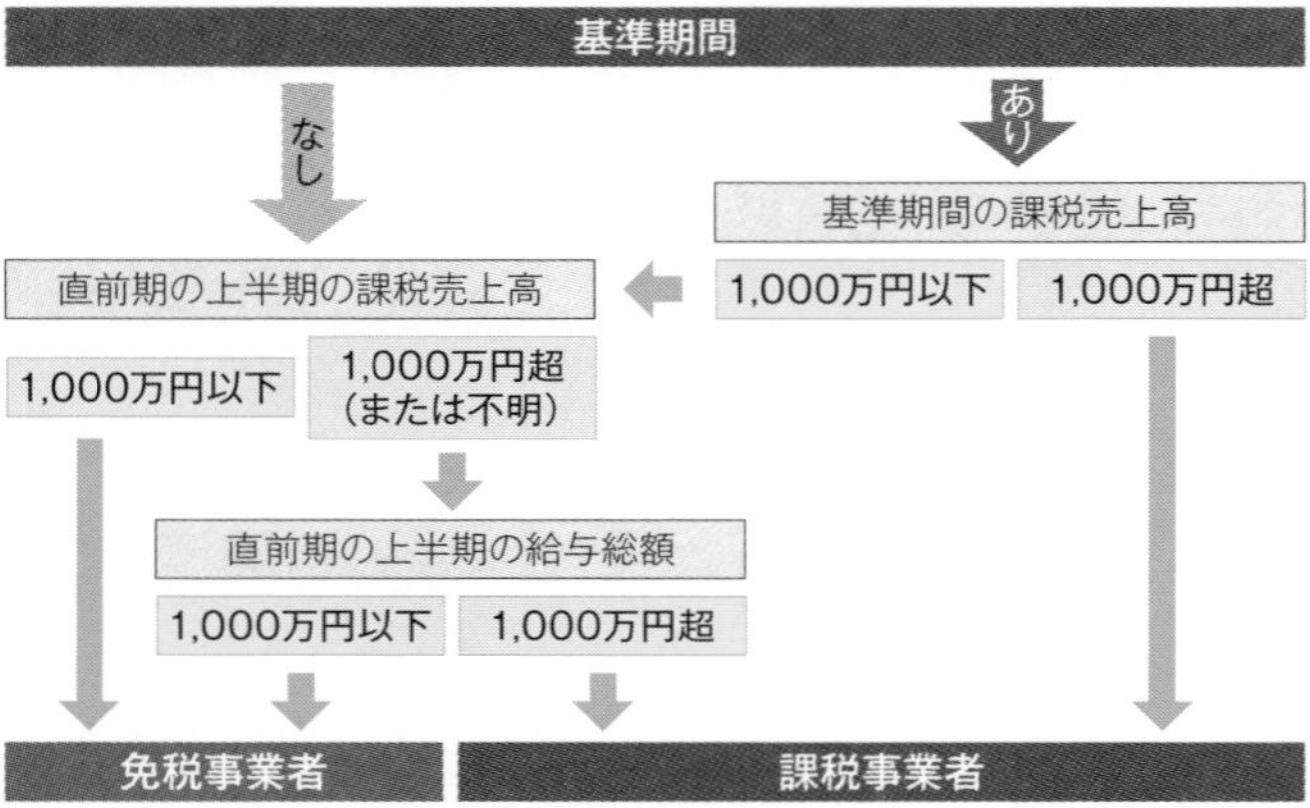

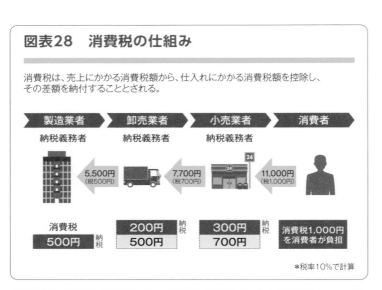

超えていて、その期間の給与等支払額も1000万円を超えている

資本金が1000万円未満の場合、会社設立から2事業年度は基準期間の売上がないため、原則として免税事業者となります（特定期間の課税売上高が1000万円超、かつ給与等支払額が1000万円超の場合を除く）。その後、たとえば1期目の売上高が1000万円を超えていたなら、3期目に消費税の申告と納税が必要になります。このときの消費税は3期目の売上などを基に計算します。

インボイス制度開始後の考え方については後述します。

消費税の計算方法

消費税の計算は、「一般課税」と「簡易課税」という2つの方法があります。このうち原則的な方法が一般課税で、基準期間の課税売上高が5000万円以下の場合に限り、あらかじめ税務署長に「消費税簡易課税制度選択届出書」を提出すれば、簡易課税が適用されます。

一般課税は、預かった消費税から、支払った消費税を差し引いて計算するのが基本的な流れです。つまり、商品などを売り上げたときにもらった消費税と、商品仕入れや経費の支払いのときに支払った消費税の差額を納めます。このように、最終的に納付する消費税を計算する際に差し引ける消費税額を「控除対象仕入税額」といい、控除対象仕入税額を差し引くことを「仕入税額控除」といいます。

一方、簡易課税は、業種によって定められた40％から90％の「みなし仕入率」を用いて控除対象仕入税額を計算します（図表30）。

一般課税と簡易課税を比較すると、計算

図表30　簡易課税制度の事業区分別みなし仕入率

事業区分	該当する事業	みなし仕入率
第1種事業	卸売業	90%
第2種事業	小売業、農業･林業･漁業（飲食料品の譲渡）	80%
第3種事業	農業･林業･漁業（飲食料品の譲渡を除く）、鉱業、建設業、製造業、電気業、ガス業、熱供給業および水道業	70%
第4種事業	飲食店業、そのほかの事業	60%
第5種事業	運輸通信業、金融･保険業、サービス業（飲食店業を除く）	50%
第6種事業	不動産業	40%

が簡単なのは簡易課税です。納税額においてどちらが有利になるかはケースバイケースなので、税理士に相談して決めるとよいでしょう。

消費税が課税されないケース

消費税は、すべての取引が対象になるわけではありません。海外での取引や、事業用ではない物の売却などは消費税の対象外です。また、消費税は国内の消費に対してかかる税金であるため、輸出取引は免税になるほか、次の13種類の取引は非課税になります。

①土地の譲渡、貸付け
②有価証券等の譲渡
③利子、保険料など
④切手、印紙、商品券の譲渡
⑤健康保険法による医療費等
⑥行政手数料、外国為替業務

⑦介護保険サービス、社会福祉事業など
⑧助産にかかる費用など
⑨埋葬料、火葬料
⑩身体障害者用物品の譲渡、貸付けなど
⑪学校の授業料、入学金など
⑫教科用図書の譲渡
⑬住宅の貸付け（住居用部分のみ）

7 インボイス制度が2023年10月にスタート

インボイス制度のしくみ

インボイス制度は消費税に関する新たなルールで、２０２３年10月に本格導入されます。これにより、会社の経理業務や消費税の計算などへ影響がおよびます。

すでに説明したとおり、消費税の一般課税の場合、仕入税額控除を行うことで納税額を減らすことができます。

しかし、インボイス制度が始まると、仕入税額控除を行うためには、取引先に「適格請求書（インボイス）」を発行してもらい、これを保管することが義務づけられます。インボイスとして認められるには、次の情報が記載されている必要があります（図表31）。

①インボイス発行事業者の氏名または名称および登録番号
②取引年月日
③取引内容
④税率ごとに区分して合計した対価の額および適用税率
⑤消費税額等
⑥書類の交付を受ける事業者の氏名または名称

これらの項目が記載されたインボイスがなければ、仕入税額控除ができないため、請求書を受け取ったらインボイスかどうかを確認しなくてはいけません。

注意したいのが、「消費税の免税事業者

図表31　インボイスのフォーマット

株式会社○○　御中 ⑥

請　求　書

②	③	○○年11月分
11／1	牛肉※	5,400円
11／2	小麦粉※	2,160円
⋮		⋮
11／30	ビール	6,600円
		合計87,200円
※軽減税率対象 ③		うち消費税7,200円

(10%対象　40,000円 ④
(8%対象　40,000円

⑤ 消費税 4,000円)
消費税 3,200円)

① **株式会社△△**
登録番号T1234567890123

出所:国税庁

はインボイスを発行できない」という点です。インボイスの登録番号は、課税事業者かつインボイス発行事業者として税務署に登録申請し、登録を受けた場合に通知されます。

したがって、同じ金額で取引を行うとしても、取引先が課税事業者か、免税事業者かによって、納める消費税の金額に差が出てきます。後述する経過措置の期間中は、免税事業者と取引を行った場合も仕入税額控除が一部認められますが、いずれにせよ取引先の状況によって自社の経理事務や消費税の申告と納税に影響が出ることに注意が必要です。

免税事業者を続けるリスク

インボイス制度は、消費税だけでなく、自社の業績そのものにも影響を及ぼしかねません。その点を理解するには、自社を売り手の立場としてとらえてインボイス制度の影響を考えておく必要があります。

あなたの会社が、現状は消費税の免税事業者であるとします。この場合、消費税の申告と納税は必要ないため、取引先から消費税相当額を受け取ったら、これを自社の収入にすることができます。

このとき、インボイス制度導入前であれば、取引先があなたの会社に支払った消費税は仕入税額控除できるので、実質的な負担はない形です。

しかし、インボイス制度が始まると、免税事業者であるあなたの会社に支払った消費税は、仕入税額控除の対象になりません。そのため、取引先は消費税の負担が大きくなってしまうのです。

ここで想定されるのは、「消費税が増えるから、免税事業者よりも、インボイスを発行できる課税事業者と取引をしたい」と考える取引先が増えるということです。その結果、これまで取引をしていた会社からの受注が途絶えたり、取引金額の減額を求められるおそれがあります。

課税事業者の登録方法

インボイスを発行するには、あらかじめ税務署に登録申請を行い、インボイス発行事業者として登録しなくてはなりません（図表32）。インボイス制度が開始する２０２３年10月１日からインボイスを発行したいのであれば、２０２３年９月30日までに登録申請を済ませる必要があります。

【適格請求書発行事業者の登録手順】

①登録申請書を作成する

「適格請求書発行事業者の登録申請書」を作成します。書式は国税庁ホームページからダウンロードすることができます（図表33）。

②登録申請書を提出する

登録申請書を作成したら、所轄税務署に提出します。郵送で提出する場合は、各国税局のインボイス登録センターが送付先になります。電子申告（e－Tax）を使って、インターネットで申請することも可能

図表32　適格請求書発行事業者の登録申請の流れ

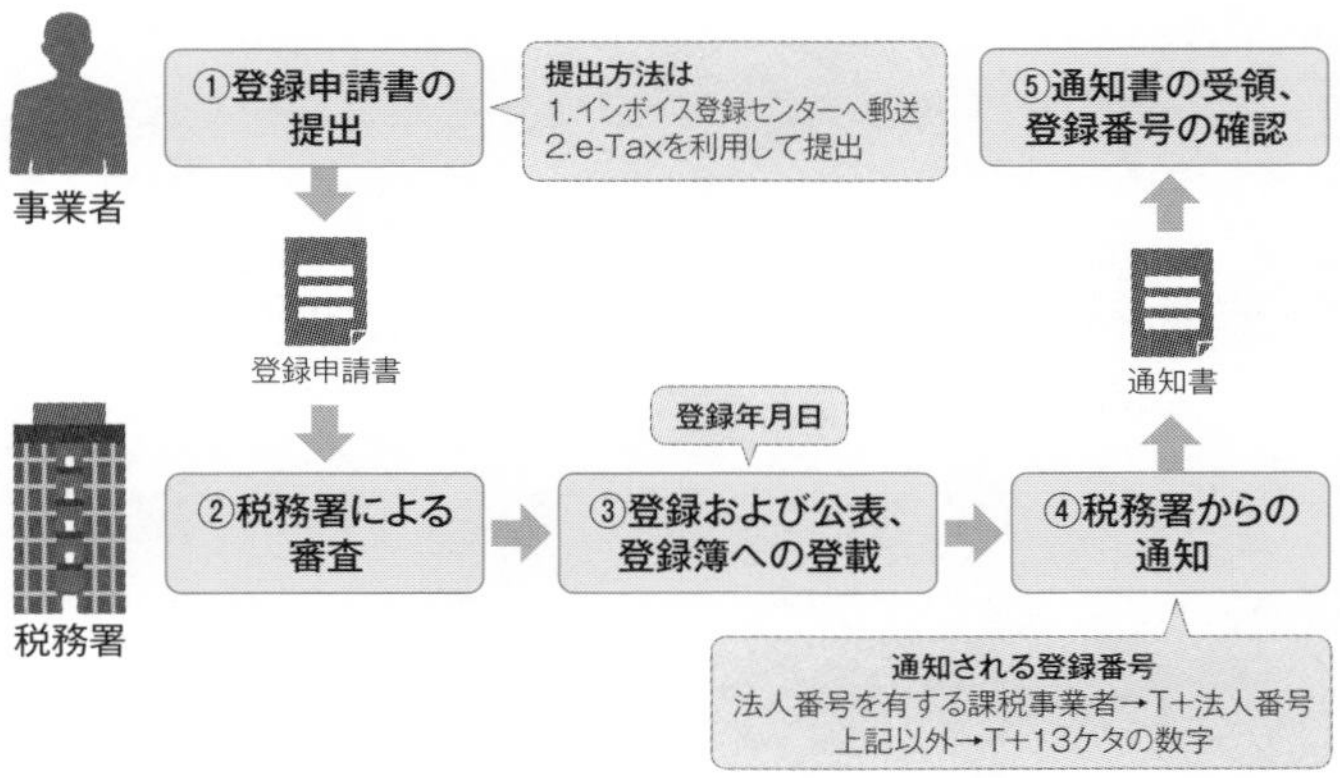

事業者
①登録申請書の提出
提出方法は
1.インボイス登録センターへ郵送
2.e-Taxを利用して提出
⑤通知書の受領、登録番号の確認
登録申請書
通知書
登録年月日
税務署
②税務署による審査
③登録および公表、登録簿への登載
④税務署からの通知
通知される登録番号
法人番号を有する課税事業者→T+法人番号
上記以外→T+13ケタの数字

図表33　適格請求書発行事業者の登録申請書

第１－(1)号様式

国内事業者用

適格請求書発行事業者の登録申請書

【１／２】

収受印

令和　年　月　日 ＿＿＿＿ 税務署長殿	申請者	（フリガナ） 住所又は居所（法人の場合）本店又は主たる事務所の所在地	（〒　－　） ◎（法人の場合のみ公表されます） （電話番号　－　－　）
		（フリガナ） 納税地	（〒　－　） （電話番号　－　－　）
		（フリガナ） 氏名又は名称	◎
		（フリガナ） （法人の場合）代表者氏名	
		法人番号	

この申請書に記載した次の事項（◎印欄）は、適格請求書発行事業者登録簿に登載されるとともに、国税庁ホームページで公表されます。
1　申請者の氏名又は名称
2　法人（人格のない社団等を除く。）にあっては、本店又は主たる事務所の所在地
なお、上記１及び２のほか、登録番号及び登録年月日が公表されます。
また、常用漢字等を使用して公表しますので、申請書に記載した文字と公表される文字とが異なる場合があります。

下記のとおり、適格請求書発行事業者としての登録を受けたいので、所得税法等の一部を改正する法律（平成28年法律第15号）第５条の規定による改正後の消費税法第57条の２第２項の規定により申請します。
※　当該申請書は、所得税法等の一部を改正する法律（平成28年法律第15号）附則第44条第１項の規定により令和５年９月30日以前に提出するものです。

令和５年３月31日（特定期間の判定により課税事業者となる場合は令和５年６月30日）までにこの申請書を提出した場合は、原則として令和５年10月１日に登録されます。

事業者区分	この申請書を提出する時点において、該当する事業者の区分に応じ、□にレ印を付してください。 □ 課税事業者　　□ 免税事業者 ※　次葉「登録要件の確認」欄を記載してください。また、免税事業者に該当する場合には、次葉「免税事業者の確認」欄も記載してください（詳しくは記載要領等をご確認ください。）。
令和５年３月31日（特定期間の判定により課税事業者となる場合は令和５年６月30日）までにこの申請書を提出することができなかったことにつき困難な事情がある場合は、その困難な事情	
税理士署名	（電話番号　－　－　）

※税務署処理欄							
整理番号		部門番号		申請年月日	年　月　日	通信日付印　年　月　日	確認
入力処理	年　月　日	番号確認		身元確認	□ 済　□ 未済	確認書類　個人番号カード／通知カード・運転免許証　その他（　）	
登録番号	T						

注意　1　記載要領等に留意の上、記載してください。
2　税務署処理欄は、記載しないでください。
3　この申請書を提出するときは、「適格請求書発行事業者の登録申請書（次葉）」を併せて提出してください。

インボイス制度

この申請書は、令和三年十月一日から令和五年九月三十日までの間に提出する場合に使用します。

です。

③取引先に通知する

登録申請書を提出すると、書面申請の場合は約2カ月半、ｅ－Ｔａｘの場合は約１カ月でインボイスに記載する登録番号などが通知されます。

2029年9月30日までの猶予期間

インボイス制度は２０２３年10月にスタートしますが、２０２９年9月30日まで経過措置期間が設けられています（図表34）。

経過措置期間中は、課税事業者（一般

図表34　インボイス制度2029年9月までの経過措置

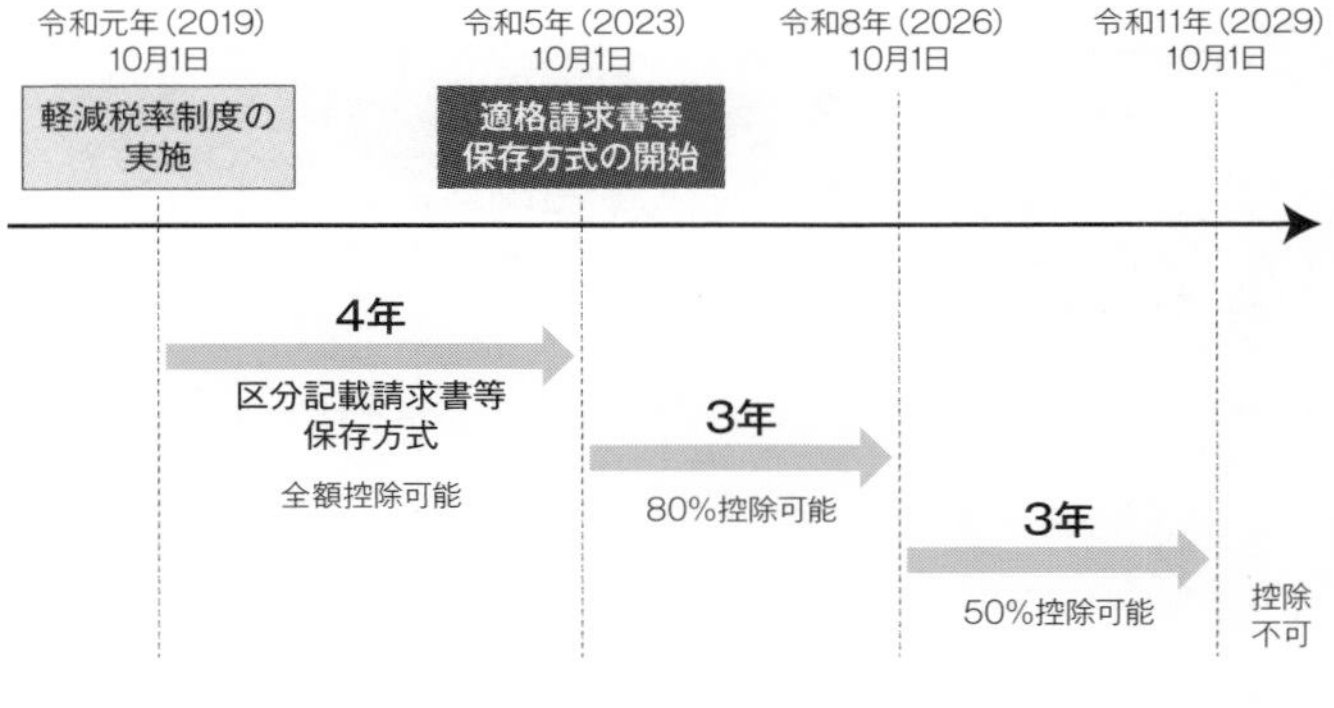
令和元年（2019）
10月1日
軽減税率制度の実施
令和5年（2023）
10月1日
適格請求書等保存方式の開始
令和8年（2026）
10月1日
令和11年（2029）
10月1日
4年
区分記載請求書等保存方式
全額控除可能
3年
80%控除可能
3年
50%控除可能
控除不可

出所:国税庁

課税）が免税事業者に報酬を支払った場合であっても、消費税相当額の一部を仕入税額控除することができます。具体的には、２０２３年10月１日から２０２６年９月30日までは80％、２０２６年10月１日から２０２９年９月30日までは50％の割合で、仕入税額控除が認められます。

また、２０２６年９月30日までの取り扱いですが、免税事業者がインボイス発行事業者として登録を行った場合、納付する消費税を、売上にかかる消費税の２割にとどめる措置も設けられます（図表35）。

これらの経過措置期間中も、自社や取引先の状況によって経理業務や消費税の申告準備などに影響を受けるため、作業が煩

図表35　2割特例の計算イメージ

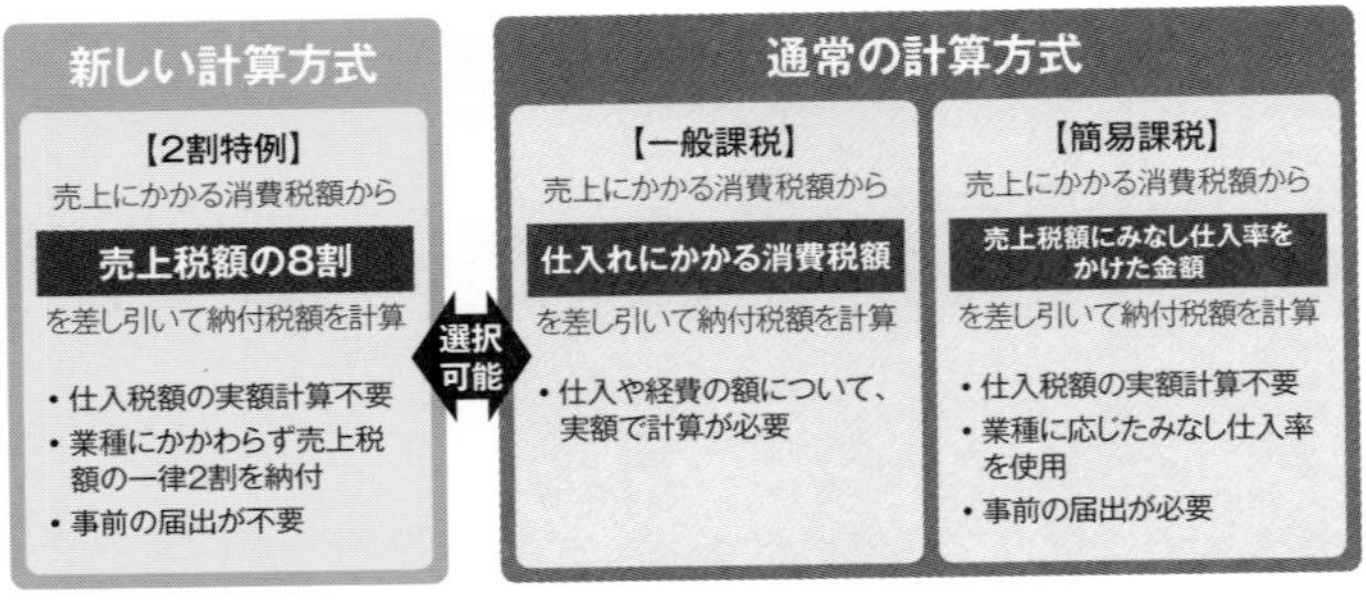

新しい計算方式
【2割特例】
売上にかかる消費税額から
売上税額の8割
を差し引いて納付税額を計算
・仕入税額の実額計算不要
・業種にかかわらず売上税額の一律2割を納付
・事前の届出が不要
選択可能
通常の計算方式
【一般課税】
売上にかかる消費税額から
仕入れにかかる消費税額
を差し引いて納付税額を計算
・仕入や経費の額について、実額で計算が必要
【簡易課税】
売上にかかる消費税額から
売上税額にみなし仕入率をかけた金額
を差し引いて納付税額を計算
・仕入税額の実額計算不要
・業種に応じたみなし仕入率を使用
・事前の届出が必要

出所:国税庁

雑になってしまいます。可能であれば、インボイス制度に対応できる税理士にサポートを受けるようにしてください。

第6章
専門家の活用方法

1 税理士を顧問にするメリット

税理士だけが持つ独占業務

税金や会計で困らないためには、やはり税金のプロである税理士のサポートを受けるのが一番です。

税理士は国家資格であり、税理士資格を取って日本税理士連合会に登録した人だけが、「税理士」と名乗って仕事をすることができます。税理士には次のような3つの独占業務があり、これらは税理士以外が行うことはできません。

①税務相談

②税務書類の作成
③税務代理（税務調査の立ち会い）

個人事業の場合、税理士に頼らずに自力で確定申告などを行う人は少なくありません。しかし、法人の申告書は複雑で、経理事務も煩雑になりがちなので、ほとんどの会社が税理士と顧問契約をしています。

税理士に依頼するメリット

会社が税理士に依頼する具体的なメリットは、次のとおりです。

①会社の税務手続きなどを任せられる

ここまで説明してきたように、会社には行うべき手続きが多くあります。申告書の作成や納税など、期限があるものばかりですから、そうしたスケジュールを守るだけでも大変です。

そうしたとき、会社のさまざまな手続きを把握し、タイムリーにサポートをしてくれる税理士がいると、業務に専念しやすくなります。

②節税のアドバイスを受けられる

当然のことですが、税理士を顧問につけると節税のアドバイスも受けられます。

本書でここまでお伝えしてきた節税方法にも言えることですが、節税方法の大半は、利益が出た後に行っても間に合いません。たとえば、役員報酬は事前に節税効果などを踏まえて金額を設定し、そのとおりに支払いをする必要があります。「旅費日当は旅費規程、社宅家賃は賃貸契約」というように、あらかじめ行うべきことがあります。

これらの準備を社長だけで行うと、必ず迷う場面が出てくるので、税理士の指導を受けながら進めたほうが効率的です。

③経営相談ができる

税理士を顧問につけると、いろいろなタイミングで経営の相談ができます。税理士は会計データの作成や監査を通して会社の内情を完全に把握しているので、何の気兼ねもなく、どのようなことでも相談できる間柄なのです。

まずは毎月の売上と経費、そして利益を確認し、現状の経営状況が悪化していないかどうかといった「会社の健康診断」を行います。定期的に経営状況を確認する時間をつくることで、経営者の頭の整理に役立ちます。

税理士にとくに相談をしておきたいことが、会社の資金繰りについてです。「設備投資をするとすれば、資金はどのくらい必要か?」「融資の返済を考えると、どのくらいの売上が必要か?」など、起業直後は資金ショートに注意が必要だからです。

また、決算前には決算のシミュレーションを行います。それまでの実績を踏まえて、決算が黒字になるか赤字になるかを予想して、残りの期間でできる手を打ちます。「たくさん税金がかかりそうだから、今期のうちに広告費をかけよう」とか、「赤字の予測だから、経費を少し絞ろう」といった決算対策を立てて、理想の決算書をデザインするのです。

④税務調査に対応してもらえる

税務調査への対応の面でも税理士が力を発揮します。まず、税理士の名前の印鑑と名前が記載された申告書を出すことで信用度が高まります。そして、税務調査が入るときも、まずは顧問税理士に連絡が入り、日程調整なども税理士を通して行います。調査当日にも税理士が立ち会うので、安心です。

経理をどれだけきっちり行っていても、税法は解釈によって判断が変わってくるので、税務調査では税務署側と見解が分かれることがよくあります。税務署はグレーゾーンについて課税をしようとするので、これに対して論理的に反証をしなければいけません。こういった税務署との交渉こそが税理士の腕の見せどころです。

⑤融資を受けやすくなる

事業を開始してから融資を受けるときは、金融機関に決算報告書などを提出する必要があります。税理士の入っている会社の決算報告書は信用度が高く、融資審査に通りやすくなります。銀行などから直近の残高試算表や資金繰り表の提出を求められた場合に、すぐに対応できる点もメリットの1つです。

また、信用保証協会を利用して融資を受ける場合、税理士が所定の書類に記入して添付することで、信用保証料が優遇される可能性があります。このほか、銀行の融資についても利率の優遇を受けられる場合があり、金利の負担を抑えることができます。

2 相性の良い税理士の選び方

税理士選びのポイント

会社の顧問税理士とは、長きにわたって付き合うことになります。そのため、できるだけ早めに頼れる税理士を見つけておきたいものです。

とはいえ、税理士の登録者数は2023年8月末現在で約8万1000人となっており、自社に合った税理士を探すのは簡単ではありません。

税理士は税務のプロですが、「法人税に強い」「相続税に強い」といったように得意分野が人それぞれ違います。また、性格などの相性もあります。そのため、まずは次に挙げたポイントを押さえておきましょう。

・相性や考え方が合うかどうか
・得意分野は自社と合致しているか
・対応は早いか
・会話をしていて話しやすいか
・積極性を感じるか
・料金体系が明瞭か
・他の士業との連携がしっかりしているか

コミュニケーション能力も重要

決算や税務申告などを正しく処理してくれるのはもちろんのこと、相談しやすい税理士を選ぶことが重要です。銀行通帳など会社のすべてを明かす存在ですから、コミュニケーションに違和感があると、良い付き合いはできなくなるでしょう。

会社を経営していると、さまざまな疑問が出てくるものです。これは経費になるのか、資金繰りは大丈夫なのか、税務署から届いた書類をどうすればいいのか。そのような疑問に速やかに対応してくれる税理士がいれば心強いものです。

税理士事務所によっては複数の税理士がいるので、何か気になることがあれば担当税理士の変更を申し出るのも手です。経験値の高いベテランや、自社の業界に強い税理士など、求める税理士のイメージがあれば、遠慮なく要望を伝えましょう。

また経営をしていれば、登記や法律トラブル、労務相談、許認可申請など税理士以外の士業の専門分野の相談も出てきます。このときに、スムーズに他の士業と連携できるかどうかも大事なポイントです。

3

税理士にどこまで依頼すべきか

決算や税務申告だけ依頼するので十分か？

税理士のサービスは多岐にわたり、同じ税理士でもサービス内容によって複数の料金プランを設けていることが少なくありません。当然ながらサービスが手厚くなるほど料金は高くなりますから、どこまで税理士にサポートを依頼するかを考える必要があります。

料金を抑えるなら、普段の帳簿作成は自社で行って、年に一度の決算や税務申告だけを依頼するという選択肢もあるでしょう。

ただ、「融資を受けて会社の経営を安定させたい」「お金が残る方法で節税したい」といった定期的に相談すべきことがあるならば、税理士と顧問契約を結び、月次決算やコンサルティングを受けるほうがいいでしょう。

最低限必要となるのが、年に一度の決算と税務申告書の作成です。これは自社だけで行うことが難しいので、とくに税理士のサポートを受けることをおすすめします。

そのうえで、「会社の日々の記帳からすべてを税理士に依頼するか」「記帳は自社で行いつつ、決算や税務申告を税理士に依頼するか」という2つの選択肢があります。

丸ごと税理士に依頼する場合は、税理士に銀行の取引履歴や領収書などの情報を渡し、基本的には月に一度の月次決算の報告を受けるという形になります。税理士事務所によって実際に訪問をするところもあれば、メールやＺｏｏｍなどのビデオ通話で相談を受けるところもあります。

記帳を自社で行う場合は、会計ソフトに入力する手間などが発生しますが、タイムリーに自社の経営状況を把握できるメリットがあります。とはいえ、そのためには日々の取引などを正しくかつ速やかに会計ソフトに入力しなくてはいけません。

今はクラウド会計の機能が充実しており、記帳を自社で行うこと自体は不可能ではないでしょう。しかし、その内容が正しいか確認してもらったり、不明点を相談したりするには、やはり税理士のサポートが不可欠です。

4 税理士報酬のしくみ

それぞれどこまでのサービスが含まれるのかを確認

税理士報酬の体系は、基本的に次の４つにより構成されます。単純に金額だけで税理士を決めることはおすすめできませんが、１つの判断要素として考えてください。

①税務顧問料

顧問税理士としてベースになる料金で、あらかじめ結んだ税務顧問契約により料金を決定します。会社の年商や訪問回数などに応じて決まるのが一般的です。

②決算料

年に1回行う決算や税務申告書の作成については、税務顧問料と別料金になっています。「税務顧問料の○カ月分」とする税理士事務所が一般的ですが、中には税務顧問料に決算料が含まれていることもあります。

③記帳代行料

毎月の記帳を税理士に依頼するときにかかる費用です。基本的には領収書や請求書などを月ごとに税理士に送り、これを税理士が入力して試算表にまとめます。経理業務に慣れていないと記帳に時間がかかるので、税理士に丸投げしてもいいかもしれません。

④その他

①～③に該当しない業務は別料金が設定されています。たとえば、年末調整や法定調書合計表、償却資産申告書、税務調査の立ち会いなどは、別途料金がかかる可能性があるので、あらかじめ確認しておくとよいでしょう。融資サポートについては、費用が発生する事務所と発生しない事務所があります。しっかり確認しておきましょう。

〈エピローグ〉

株式会社
○△システム
う〜ん
こんな簡単な作業なのに全然進まないわー ほんと、事務作業って面倒くさい！
カチ…
カチャ…
カチャ…
会社は作ってからが大変だからね
1年目は決算から税理士さんにお願いしようと思ってたけど、これは厳しいわ
パタ〜…
ねぇ
税理士さんってどうやって選んだらいいの？
税理士選びはね、
〝3つの視点〟から考えるんだ

3つ？
そう、3つ
まず1つ目は、専門分野が合っているか
お医者さんに専門分野があるように、税理士にも専門分野があるんだよ
お医者さんだったら、小児科とか眼科とか皮膚科とかあるでしょ
税理士も同じ
大企業の経理に力を入れている税理士、
医者の支援に力を入れている税理士、
相続税に強い税理士、
外国税に強い税理士とかね
日本
税
諸外国
なるほどねー

小さい
会社の経理は
できる税理士が
多いけど
それでも力を
入れてるかどうかは、
事務所によって全然
違うよ
頑張ります!
よろしく
起業したいので
ぜひ、お力を!
起業ですか〜
実際、
起業家支援に
力を入れていない
税理士さんも
いるしね
だから、
何に強い税理士か
っていうのを
最初に確認しないと
ダメなんだ
そ…
そうなのね
2つ目は、
どこまでお願い
するかと価格

自分でできることを全部やってとにかく価格を安くするか、
なんでも相談をして価格も真ん中くらいにするか
それとも価格は高くても経営コンサルまでお願いするか
う〜ん
美咲だったら、まー、自分ではできないだろうから
なんでも相談できて、料金も真ん中の税理士が良いだろうね
そうね
私は本業に集中した方がずっと利益上げられるわ
最後の3つ目は相性
相性？

税理士って、通帳の中身も経費の内容も全部オープンにする関係じゃない
言ってしまえば、夫婦みたいなもんだよ
ゲッ
結婚!!
だからなんでも話がしやすい、相性っていうのが大事なんだ
会計や税金の話だけじゃなくて、事業の展開のことや、将来の夢の話
now
future
もっと言えば、プライベートの心配まで何でも相談できる相手を選ぶべきなんだよ
……
翔太

これって、「俺に頼めよ」ってことを言ってるよね
えんっ…
ま、まぁ、そうなるかな
良いわ
会計は全部任せちゃう！
でも翔太頼りにしてるよ！
おう、ドンと任せろ！
夫婦になるのはゴメンだけどね

おわりに

現代は、かつてなく起業しやすい時代と言えます。

都心にオフィスを借りたり高額な機材を買ったりしなくともビジネスを始めることができ、会社の設立手続きをサポートしてくれる起業家支援サービスも数多くあります。クラウド会計ソフトや人事労務ソフトなどを利用して、1人だけでビジネスを回している社長も今や珍しくありません。

ところが、意気揚々と起業したはずの社長が、困り果てて私たちのところに相談にお見えになることも珍しいことではありません。「はじめに」でお伝えしたとおり、私はこれまで15年以上にわたって起業家支援に邁進してきましたが、そのようなケースは年々増えているように思います。

お困りごとの内容は人それぞれですが、主には給与計算や税務申告などのタスクを処理できなくなったり、資金繰りに困ったりといったものです。そして、起業当初は必要ないと思っていた税理士を後から顧問につけるケースも少なからず起きています。

たしかにクラウド会計ソフトなどのツールは非常に便利なものです。しかし、そうしたツールが会社の業務を100％正しく処理してくれるわけではありません。会計の基本的なルールを知らないと、結果的に誤った内容の決算報告書や税務申告書ができあがってしまいます。また、税制をはじめとする会社にまつわる法律は頻繁に改正されるので、そうした情報もキャッチアップしておく必要があります。

起業してある程度時間が経ち、さまざまな問題を抱えた社長から相談を受ける度に、私は「もっと早くからサポートさせていただきたかった」と思います。

たとえば、節税ひとつとっても、過去の事業年度の税金については対策しようがありません。もっと早くから関与していれば、役員報酬の適正化など効果的な節税方法をお伝えし、税負担を抑えられたはずです。あるいは適切なタイミングで融資の助言を行い、会社の資金繰りを安定化させることもできたでしょう。

何より、起業して間もない会社にとって、社長の時間は非常に貴重です。本来はビジネスの成長に費やすべき時間が、給与計算や行政手続きなどに取られてしまっていては、つかめたはずのチャンスを逃してしまうこともあるのではないでしょうか。

そのような思いから、私は本書を執筆しました。本書の内容を理解していただければ、会社設立後のさまざまな問題に対処できるはずです。そのうえで、やはり専門家のサポートが必要だと感じられたのであれば、まずは税理士に相談していただければと思います。

適切な税理士を顧問につけると、社長は最適な相談相手を得ることができます。会社を経営するうえで、お金に関するさまざまな問題は日々起きるものです。私は、そうした場面で社長に寄り添って、最も良い形で解決できる存在でありたいと思っています。

本書によって、大切な創業1期目を乗り越え、未来に向けて良いスタートダッシュを切れる会社が増えることを願ってやみません。

森 健太郎

書籍連動無料動画サイトのお知らせ

本書籍の発刊と連動し、書籍の内容をさらに詳細に解説した無料動画サイト（ユーチューブ）を開設しました。会社経営に役立つ税金や社会保険などの解説動画を定期的に公開しますので、本書と併せてぜひみなさまの日頃のお仕事にお役立てください。

森 健太郎（もり・けんたろう）

税理士、行政書士、ベンチャーサポート税理士法人代表税理士
1977年奈良県奈良市生まれ。神戸大学経営学部卒業後、一般企業を経て税理士業界へ。税理士として15年以上にわたり、起業家支援を中心に中小企業の財務をサポート。近年は事業承継や相続の相談の増加に伴い、業務範囲を拡大。起業から事業承継まで、中小企業のすべてのステージのサポートを得意としている。著書に『社長のための資産形成戦略』（合同フォレスト）。

マンガ・イラスト：緒方京子
本文デザイン・装幀・本文組版：中西啓一（panix）
図版作成：橋立 満（翔デザインルーム）
校正協力：永森加寿子
編集：田所陽一、小田実紀、田谷裕章
制作協力：小林義崇
書籍コーディネート：笹島隆博

会社設立1年目の税金と社会保険が簡単にわかる本

初版1刷発行　●2023年10月23日

著　者　森 健太郎
発行者　小川泰史
発行所　株式会社Clover出版
〒101-0051　東京都千代田区神田神保町3丁目27番地8
三輪ビル5階
TEL 03-6910-0605
FAX 03-6910-0606
https://cloverpub.jp
印刷所　日本ハイコム株式会社

ISBN978-4-86734-180-3 C0034

本書の内容に関するお問い合わせは、info@cloverpub.jp 宛にメールでお願い申し上げます。